王红霞 / 编著

巡回指导的理论与实践

XUNHUIZHIDAO DE LILUN YU SHIJIAN

序

巡回指导工作的发展与海淀区特教中心的发展经历了相似的阶段。

第一阶段，萌芽期。此时海淀区特殊教育管理中心（海淀区特殊教育研究与指导中心的前身）尚未成立，这一阶段主要着力于个案的支持。早在20世纪90年代，我们就开始了巡回指导的尝试。当时一名孤独症学生在普通学校就读遭遇到班级其他同学家长的反对，教委就让特教教师介入，与普通学校行政领导、教师以及家长共同商议了安置方案。这名学生从小学进入初中，从初中进入中职学校，十多年来，巡回指导教师一直都在提供支持。

第二阶段，试点期。此时我们已经有了特殊教育管理中心，但是还没有专职巡回指导教师。2009年，我们开展了一项巡回指导的试点工作，将9名特教教师与9所普通学校结对子，特教教师每周有半天的时间去普通学校进行巡回指导，通过个案的支持与研究，巡回指导教师自身技能得到了提升，普通学校的难点问题也得到了很好的解决，取得了很好的效果。

第三阶段，发展期。2010年，我们开始有专人进行巡回指导工作，主要开展筛查评估、课堂教学指导和资源教室指导工作。随着专职巡回指导教师人数的增加，在对学生进行筛查评估之后，我们开始给学生提供直接的个案干预，进行康复训练工作。随着巡回指导工作的发展，我们对学校、教师以及学生的需求了解得越来越多，逐渐开始考虑普通学校融合教育师资如何培训，慢慢形成分类培训、分层指导的师资培训模式，建立起随班就读班级教师—资源教师—巡回指导教师的融合教育教师梯队，为学校储备了专业的人才队伍。

巡回指导工作仍在继续，它是融合教育的重要保障。《巡回指导的理论与实践》是我们对第三阶段巡回指导工作的一个总结，全书共有七章，第一章巡回指导的理论与背景，第二章巡回指导的评估实践，第三章巡回指导的个案指导，第四章巡回指导的课堂教学指导，第五章巡回指导在资源教室建设与运作中的作用，第六章巡回指导对师资培训的促进作用，第七章巡回指导的效果。本书从理论出发，回归到区域的实践中，完整呈现出巡回指导工作的主要内容和实践探索，可以为各地融合教育工作提供参考和借鉴。

从全国来说，融合教育尚处在发展初期，我们一步步地在摸索，期望能够推动这项事业的发展。

王红霞

2017 年 5 月　三义庙

目 录

第一章 巡回指导的理论与背景……1
- 第一节 巡回指导的背景……1
- 第二节 巡回指导的政策分析……17
- 第三节 巡回指导的内容和作用……32

第二章 巡回指导的评估实践……41
- 第一节 筛查评估的理论基础……41
- 第二节 筛查评估的案例分析……54

第三章 巡回指导的个案指导……63
- 第一节 个案指导的理论基础……63
- 第二节 个案指导之渐进式融合案例……69
- 第三节 康复训练案例……76

第四章 巡回指导的课堂教学指导……85
- 第一节 随班就读课堂教学策略探究……85
- 第二节 课堂教学活动设计示例……91

第五章　巡回指导在资源教室建设与运作中的作用 ……………… 115

第六章　巡回指导对师资培训的促进作用 ………………………… 125
　　第一节　师资培训的背景 ……………………………………… 125
　　第二节　师资培训的实践探索 ………………………………… 129

第七章　巡回指导的效果 …………………………………………… 139
　　第一节　巡回指导的评价与社会影响 ………………………… 139
　　第二节　巡回指导的作用效果与未来方向 …………………… 144

参考文献 ……………………………………………………………… 163

后　　记 ……………………………………………………………… 173

第一章 巡回指导的理论与背景

第一节 巡回指导的背景

北京市海淀区特殊教育发展历史悠久，中国最早建立的特殊教育学校瞽叟通文馆（北京市盲人学校）就坐落于北京市海淀区。海淀区是特殊教育发展的大区，拥有完善的特殊教育体系，学校类型涵盖盲、聋、培智等各个方面。此外，海淀区有近700名特殊学生在普通学校接受融合教育。

20世纪70年代，美国人迪诺（Evelyn N. Deno）提出了"瀑布式特殊教育服务体系"（又称为"倒三角体系"），以残疾儿童为服务对象，提供满足其不同程度需求的各级各类公立学校教育[1]，分为7级——医院或者其他隔离式教养机构、家庭教育、隔离式全日制特殊学校、普通学校内的全日制特殊班、普通学校内的部分时间特殊班、普通学校普通班与部分时间资源教室相结合、普通学校的全日制普通班，从学习环境受限制程度最多的隔离式教养机构到受限制程度最少的普通学校的全日制普通班，与儿童的残疾程度从重到轻相匹配。2003年底，海淀区取消了区域内最后一个设置在普通学校的特殊教育班级（颐和园小学的辅读班）。此后，海淀区残疾学生安置形式剩下普通学校随班就读、特教学校就读、送教上门三类，障碍程度轻的学生在普通学校随班就读，中度及重度的学生在特教学校就读，重度及极重度、到校就读有困

---

[1] 朴永馨.特殊教育辞典（第三版）[M].北京：华夏出版社，2015：50.

难的学生送教上门。

一、概念辨析

（一）随班就读

朴永馨认为我国的随班就读与西方的一体化、回归主流在形式上有某些共同之处，但在出发点、指导思想、实施办法等方面有中国的特色[①]。

肖非指出，早在 1987 年国家教委《关于印发"全日制弱智学校（班）教学计划"的通知》中就明确提到：大多数轻度弱智儿童已经进入当地小学随班就读。这是目前查到的在教育部文件中第一次出现"随班就读"一词的文件[②]。

邓猛、苏慧指出，随班就读是西方全纳教育形式与我国特殊教育实际的结合，是一种实用主义的全纳教育模式[③]。

李拉提出随班就读是国外特殊教育思潮与我国特殊教育实践相结合的产物的观点，并指出随班就读是产生于我国的本土性理论，但随班就读是通往全纳教育的桥梁和过程[④]。

邓猛、景时对随班就读的概念进行了解读与重塑，认为与西方"瀑布式特殊教育服务体系"相比较，我国以随班就读为主体的发展格局同样包含从特殊教育学校到普通教室的不同选择，只是层次少一些而已。他们认为随班就读的"随"要求残疾学生随着普通教室正常学生的节奏，残疾学生处于从属地位，可有可无，并非班级平等的一员；"随"意味着能够跟上就"随着"，跟不上就"随便"，是可以随意抛弃的附属品，随班就坐或者随班混读就成为难以避免的现象；"随"意味着能否跟上学习进度是残疾学生能力的问题，学

[①] 朴永馨.特殊教育辞典[M].北京：华夏出版社，1996：43.

[②] 肖非.中国的随班就读：历史·现状·展望[J].中国特殊教育，2005（03）:3-7.

[③] 邓猛，苏慧.融合教育在中国的嫁接与再生成：基于社会文化视角的分析[J].教育学报，2012（01）:83-89.

[④] 李拉.当前随班就读研究需要澄清的几个问题[J].中国特殊教育，2009（11）:3-7.

校不需要为残疾学生作出任何改变或者承担任何实质性的责任。他们还提出"同班就读"的概念,认为同班就读是随班就读的自然延伸,从随班就读到同班就读是全纳教育本土化的必然诉求①。

(二)融合教育

融合在一定程度上可以说是特殊教育发展的理想,也是国家制定相关政策的依据,但对于什么是融合,什么是融合教育,仍然存在不同的声音与观点。从广义的角度看,融合教育是在美国20世纪50年代以来社会运动的基础上发展起来的,邓猛就西方不同专家对融合教育的理解进行了梳理:

1. 融合教育是家长、教育者及社区工作人员发起的运动,它寻求创设以接纳、归属、社区感为基础的学校或其他社会、教育机构,融合学校通过在就近学校的高质量、年龄适合的普通教室里教育所有的儿童来欢迎、承认甚至强调他们的价值,寻求建立以满足所有儿童需要为目标的、尊重学习个体之间存在的差异为基础的支持性社区。

2. 融合教育是指在普通学校、在适合儿童年龄特征的教育环境里教育所有的儿童……它更关心的是特殊儿童的权利而非学校校长、教师及心理学工作者的专业判断与建议。

3. 融合是指学校应该毫无疑问地满足社区内所有儿童的学习需要,而不管他们的能力或障碍的程度如何。

4. 融合是一种态度、一种价值和信仰系统,而不是一个或一系列行为……融合教育是指全部接纳,通过一切手段为社区内每位儿童或民众提供接纳的权利与机会……融合学校的基本信念包括接纳、归属和社区感。

5. 融合为所有学生,包括那些有严重障碍的学生,提供在就近学校的、年龄适合的资源教室平等接受教育及相关的辅助性支持与服务的机会,以使

---

① 邓猛,景时. 从随班就读到同班就读:关于全纳教育本土化理论的思考[J]. 中国特殊教育,2013(08):3-9.

他们将来能够成为具有生产能力的、正式的社会成员。

6. 融合是一种价值倾向。它以所有的特殊儿童都有权利与同龄儿童一起在自然的、正常的环境中生活与学习为前提。因此融合不仅仅是简单地将特殊儿童安置于普通教室，它更强调给予学生平等参与所有的学校活动的机会。

7. 融合是指在最大限度上使有特殊学习需要的儿童在普通教室接受教育。它倾向于让学生在普通教室，而不是"抽出"学生在普通教室外接受相应的支持与服务[①]。

邓猛、景时就不同专家对融合教育的概念进行了进一步的梳理总结，认为特殊儿童本来就应该属于普通教室，他们有权在普通教室接受高质量的、适合他们自己特点的、平等的教育，他们应该在普通教室而非"抽出"接受必需的支持与服务；他们无须经过自己的努力去争取、赢得在普通教室接受教育的权利[②]。

尽管目前围绕着融合与隔离、全部融合与部分融合尚且存在很多的争论，"残疾儿童随班就读这种形式在我国特别是农村地区早就存在"，"它不是出自一种理性设计的政策，而是受制于教育条件的做法"[③]，是"我国作为发展中国家，在经济文化还不够发达的情况下发展特殊教育的一种实用的、也是无可奈何的选择"[④]。

国内学者一般都承认随班就读是在西方回归主流思想影响下，由我国特殊教育工作者根据我国国情探索出的对特殊学生实施特殊教育的一种形式，它使特殊儿童就近进入邻近的普通小学接受义务教育。

---

① 邓猛.融合教育与随班就读[M].武汉：华中师范大学出版社，2009.
② 邓猛，景时.从随班就读到同班就读：关于全纳教育本土化理论的思考[J].中国特殊教育，2013（08）:3-9.
③ 赵小红.试论中国全面推进随班就读工作的必要性[J].中国特殊教育，2011（11）:4-10.
④ 邓猛.普通小学随班就读教师对全纳教育态度的城乡比较研究[J].教育研究与实验，2004（01）：61-66.

二、需求调查

2004年，北京市海淀区提出开展"融合教育"，要求学校提供适当的教育环境使所有特殊学生有机会进入普通学校学习，这促使越来越多的特殊学生选择到普通学校随班就读。海淀区特教中心在海淀区融合教育实践中承担教师培训、家长咨询、特殊学生安置等工作。工作中，我们发现教师对融合教育的认识及其掌握的特殊教育知识和技能、学校领导的支持、特殊学生家长的态度直接影响了融合教育工作的开展。为了更好地在未来开展融合教育实践和研究工作，我们希望能从整体上了解特殊学生在普通班级中的融合现状，了解教师和学校对开展融合教育的态度与看法，进而分析和总结发展海淀区融合教育的需求与支持，为海淀区建立融合教育支持保障系统提供数据，为推动海淀区融合教育的发展提供可参考的建设性建议。基于此，2010年，我们对区域融合教育的现状进行了调查，在现状调查的基础上了解学校、教师及家长的需求。

（一）调查内容

第一，调查教师、领导、家长对特殊学生和融合教育工作的认识及看法，包括：（1）教师对融合教育的了解，对特殊学生的看法，教师的需求；（2）学校领导对开展融合教育的态度和需求，对特殊学生的看法；（3）特殊学生家庭教育现状，家长对学校教育的态度，家长对孩子的了解与期望。

第二，综合教师、领导、家长问卷调查和访谈结果，总结融合教育发展的需求与支持。

第三，在发展现状及需求分析的基础上，提出促进海淀区深入开展融合教育的建议。

（二）调查对象

本次调查的特殊学生，指在普通教育环境下有特殊学习或适应需要的学生，即普通教育环境难以满足其学习需求，需要获得特殊的教育计划、教学方法和相关服务的学生，包括智力障碍、视力障碍、听力障碍、言语障碍、情绪和行为障碍、肢体障碍、精神障碍、孤独症、多动症等学生。

本次调查共走访海淀区82所开展融合教育的普通小学，问卷调查对象为：211名教师、62名校级领导干部以及140名特殊学生家长。在调查中涉及的特殊学生类型分布比例为：智障学生占75%，孤独症学生占13.24%，肢体障碍学生占10.29%，视力障碍学生占1.96%，其他类型（包括多动症、情绪障碍、精神障碍、感统失调等）学生占8.33%。

(三)调查方法

1. 问卷调查法

自编教师、学校领导和家长三份问卷，包括封闭式和开放式两种类型题目。

（1）教师问卷：共16个题目，封闭题主要包括教师的基本情况、任教年级及学科、对融合教育的了解、对特殊学生的看法、对特殊学生与普通学生的融合现状评价；开放题主要考查教师的需求。共回收有效问卷203份。

（2）领导问卷：共16个题目，封闭题主要包括对融合教育的认识、对特殊学生的看法、对资源教室的了解；开放题主要考察学校需要的支持与帮助。共回收有效问卷62份。

（3）家长问卷：共20个题目，封闭题主要包括家庭教育现状、孩子上学喜好（如：孩子对学校、教师的喜爱情况，与同学交往情况）、对学校工作的认可情况；开放题主要考察家长对孩子的期望。共回收有效问卷134份。

2. 访谈法

对62名普通小学主管融合教育的校长或主任进行访谈，访谈内容主要为学校深入开展融合教育的需求与支持。

(四)调查结果与分析

1. **问卷结果**

(1)教师问卷结果

教师年龄范围及比例依次为：50岁以上3人(1.5%)、41-50岁33人(16.3%)、31-40岁106人(52.2%)、25-30岁55人(27.1%)、25岁以下6人(3.0%)；平均教龄为14.23年，最长为36年，最短为1年。从年龄和教龄看，从事融合教育的教师以中青年骨干为主。

一到六年级任教的教师人数分别为18人(8.9%)、26人(12.8%)、37人(18.2%)、32人(15.8%)、42人(20.7%)、48人(23.6%)，任教范围涵盖所有年级及小学阶段的全部学科，其中担任语文、数学、英语三门主课教学的教师为主体(140人，69%)。

关于"对随班就读和融合教育的了解"的问题，所有教师都表示听说过随班就读，并了解这一安置形式，但只有85位(41.9%)教师听说并了解融合教育理念。此外，68位(33.5%)教师听说过个别化教育计划，但只有41位(20%)教师认为自己会制订个别化教育计划。

关于"对特殊学生在班级就读有什么看法"的问题，问卷提供"反对、视情况而定、赞成、非常赞成"四个选项，结果如表1所示：多于四分之三的教师(153人，75.3%)选择"视情况而定"，表明大部分教师对特殊学生在班级就读持中立态度。

表1 教师对特殊学生在班级就读的看法

看法	人(n)	百分比(%)
反对	13	6.4
视情况而定	153	75.3
赞成	20	9.9
非常赞成	17	8.4
合计	203	100.0

关于"班级中的特殊学生与普通学生交往"的问题,结果如表 2 所示:接近四分之三的教师(143 人,70.4%)认为特殊学生与普通学生交往是顺利的。

表 2　特殊学生与普通学生交往情况

看法	人(n)	百分比(%)
交往顺利	143	70.4
特殊学生被孤立	60	29.6
合　计	203	100.0

这两个问题结果表明:即使大多数教师认为特殊学生可以顺利地与普通学生交往,但是他们仍然对这种教育安置形式持中立态度。

在与普通学生共同活动的过程中,教师们普遍认为特殊学生不能参与到课堂学习和活动,会出现下座位、不参与小组讨论、攻击他人、不能列队、集会时突然大叫等情况,在此称之为融合问题。

此次调查根据学生在学校学习的主要发生场合,即课堂和各种活动(包括课间操、集会、课外活动等)两方面调查学生的融合现状。其中,课堂分为主课和科任课,主课包括语文、数学和英语,科任课包括思想品德、美术、音乐、体育。统计结果如表 3 所示:从教师选择情况看,教师认为主课出现的融合问题最多,其中数学课出现难以融合的程度最高,而语文课最低;科任课出现融合问题最多的是音乐课,美术课最少。由于主课在整个小学阶段的课时比例远远大于科任课,学生在语文、数学、英语三门主课出现融合问题的机会也就远远多于其他课。调查结果显示:融合难度最大的是数学课,其次是英语和语文课,其他学科融合较好。

表 3　课堂出现融合问题的科目

学科	人（n）	百分比（%）
数学	47	23.2
英语	44	21.7
语文	40	19.7
音乐	20	9.9
体育	19	9.4
思想品德	17	8.4
美术	16	7.9
合计	203	100.0

（2）学校领导问卷结果

关于"对融合教育理念的认识"的问题，所有领导（62人，100%）都听说过随班就读教育安置形式，只有45位（72.6%）领导了解融合教育；所有领导认为学生应该有属于自己的学习计划。

调研学校中，只有15所学校建有资源教室，绝大部分学校没有配备相应的专业教育资源，不能满足学生的基本需要。虽然有51位（82.3%）领导不了解资源教室的意义，但有47位（75.8%）领导认为应该有一个专业教室或者空间满足学生的特殊教育需要。

关于"对开展融合教育有什么看法"的问题，调查结果如表4所示：一半以上的领导（35人，56.5%）选择"视情况而定"，这表明学校领导对学校开展融合教育持中立态度。

表 4　领导对开展融合教育的看法

看法	人数（n）	百分比（%）
反对	2	3.2
视情况而定	35	56.5
赞成	15	24.2
非常赞成	10	16.1
合计	62	100.0

关于"特殊学生参加学校集体活动情况"的调查结果如表5所示：83.9%的领导认为特殊学生能参加学校的集体活动。

表5 特殊学生参加集体活动情况

看法	人（n）	百分比（%）
特殊学生能参加集体活动	52	83.9
特殊学生不能参加集体活动	10	16.1
合计	62	100.0

关于"特殊学生与普通学生交往情况"的调查结果如表6所示：83.9%的领导认为特殊学生在与普通学生的交往中是顺利的。

表6 特殊学生与普通学生交往情况

看法	人（n）	百分比（%）
交往顺利	52	83.9
特殊学生被孤立	10	16.1
合计	62	100.0

这三个问题的结果与对教师的调查结果相同，即大多数领导认为特殊学生可以顺利地与普通学生交往，但是他们仍然对开展融合教育持中立态度。

（3）家长问卷结果

调查主要从以下3个问题了解家庭教育现状：82位（61.2%）家长认为自己在家里与孩子有固定的交流时间；92位（68.7%）家长会在家中辅导孩子的学习；53位（39.5%）家长为孩子安排固定训练。这个结果反映出，特殊学生家庭教育现状并不理想。尽管家长比较重视对孩子学习的辅导，但是与孩子沟通、为其提供的固定训练都不够充分。

调查通过5个问题了解家长对孩子上学喜好的反映，提供"是、否"两个选项由家长选择，结果如表7所示：绝大部分家长认为孩子喜欢学校、喜欢教师，愿意与同学交往。

表 7　家长对孩子上学喜好的反映

调查项目	人数（n）	百分比（%）
孩子喜欢上学	112	83.6
孩子在学校是快乐的	109	81.3
孩子在学校有朋友	83	61.9
孩子喜欢教师	118	88.1
孩子在家写作业	96	71.6

调查通过 5 个问题了解家长对学校工作的满意度，提供"满意、基本满意、不满意"三个选项由家长选择，结果如表 8 所示：家长对课堂教学有针对孩子的教学方法、学校活动有针对孩子的特殊计划两个方面的满意度偏低；此外，家长对教师针对学生需要制订的教学计划不是很肯定。但是，家长对教师与自己的沟通情况和对学校整体工作的满意度较高。

表 8　家长对学校工作的认可

调查项目	人数（n）	百分比（%）
课堂教学中有针对孩子的教学方法	65	48.5
学校开展的活动有针对孩子的特殊计划	63	47.0
教师为孩子制订有针对性的教学计划	82	61.2
教师经常与家长沟通	96	71.6
对学校整体工作	106	79.1

调查采用开放式问题了解家长对孩子的期望。根据家长的答案中出现的不同期望，累计其出现次数，整理结果如表 9 所示：家长在学习知识、自主学习、快乐成长方面对子女的期望最高，其次是希望孩子健康、自立和具有一定的社交能力，而对孩子最应该具备的好习惯、礼貌等基本能力，家长的期望值却最低。

表 9　家长对孩子的期望

期望	人数（n）	百分比（%）
学习知识	92	68.7
自主学习	90	67.2
快乐成长	81	60.4
健 康	57	42.5
自 立	56	41.8
社交能力	48	35.8
好习惯	21	15.7
听 话	10	7.5
礼 貌	2	1.5

2. 开放式问题与访谈结果

关于融合教育发展的需求与支持，本次调查以开放式问题和访谈进行了解。

（1）教师的需求与支持

此次调查反映出教师最需要获得的支持包括如下方面：

第一是获得关于家长工作技巧的指导（92 人，45.3%）。教师希望有更多的时间与家长沟通交流，对多动症、感统失调等障碍类型的学生，希望家长到专业机构作评估和诊断，在对孩子有正确认识的基础上投入更多的精力配合学校工作；希望孤独症、多动症等有情绪行为问题学生的家长参与语文、数学、英语课的陪读，减少融合问题的发生。

第二是获得学校支持（89 人，43.8%），包括学校从软、硬件资源方面提供支持。如：为学生创造积极而宽松的教育环境，协助教师开展家长工作，重视资源教室的建设。

第三是教师专业素质的提高（78 人，38.4%）。教师希望获得特殊教育的专业培训，如各类特殊学生的基本特点、教育方法等，并希望得到有关特教专家的及时指导与帮助。此结论与刘春玲等的普通小学教师对特殊儿童接纳态度的研究结论一致[①]。

教师还希望获得的其他支持包括：社会支持（53人，26.1%），政策支持（32人，15.8%），完善评价机制（15人，7.4%）。

（2）领导的需求与支持

关于领导的需求和支持，本次调查除了开放式问题外，还与主管融合教育工作的领导进行了深入访谈。领导们在需求与支持中重点提到的有：政策支持（60人，96.8%），师资培训支持（53人，85.5%），完善评价机制（49人，79%）；另外，还希望得到家长、医疗机构乃至全社会的配合与支持。

第一是政策支持。政策支持包括：希望在人事编制中落实教师编制问题，希望政府制定班主任及任课教师的岗位津贴补助政策以提高教师工作积极性。

第二是师资培训支持。校领导希望在普通小学对全体教师普及特殊教育知识，包括理论学习、案例研究、沟通技能、注意力训练、与人交往技能、孤独症儿童情绪和青春期指导等。校领导特别提到要对学校中层以上领导干部进行教育理念的培训。

第三是完善评价机制。校领导希望教育主管部门在教学质量评价和教师评价上出台相关政策，能考虑到特殊学生对班级整体教学质量的影响，希望单独建立对特殊学生的评价机制。此结论也与韦小满等对北京、香港两地普小教师对有特殊教育需要学生融合教育态度的比较研究结论相一致[②]。

（3）家长的需求与支持

此次调查中发现：95位（70.9%）家长希望学校能够承担教学责任，44位（32.8%）家长希望学校创造良好的教育环境，36位（26.9%）家长希望学校提高教学质量，51位（38.1%）家长希望教师能因材施教，25位（18.7%）

[①] 刘春玲,杜晓新,姚健.普通小学教师对特殊儿童接纳态度的研究[J].中国特殊教育,2000(03): 34-36.
[②] 韦小满,袁文得,刘全礼.北京香港两地普小教师对有特殊教育需要学生随班就读态度的比较研究[J].北京师范大学学报,2001 (01): 34–39.

家长希望能与教师交流沟通。

另外，调查还发现有部分家长（26人，19.4%），尤其是孩子智商正常的，不能面对现实，不承认孩子的问题，这也成为融合教育顺利发展的障碍。

3. 对问卷调查与访谈结果的综合分析

特殊学生难以融入主科课堂教学（数学、语文和英语）是本次调查结果的重要发现之一，原因在于学习内容与学习方式不符合其需要，不能引起其学习兴趣。要想从根本上解决此问题，个别化教育计划的制订与实施成为必需。个别化教育计划为特殊学生提供适当的教学内容和方式，满足其需要，个别化教育计划的制订和落实将解决融合教育发展中遇到的各种问题。调查结果显示，只有20%的教师会制订个别化教育计划，师资培训也成为学校和教师开展融合教育的共同需求。可见，有主题、系统的师资培训成为普及个别化教育计划的重要途径。

与此同时，个别化教育计划的落实将会要求学校提供一系列的教育服务。教师应当注重教育内容和形式的多样性[①]，如"一对一"教学与集体学习相结合、独立上课与陪读相结合、学习知识和接受训练相结合；提供生活性、功能性、生态性的课程，培养特殊学生具备融入社会环境所需的基本技能；资源教室的建设是满足特殊学生需要的硬件保障，也是学校创造融合教育环境的重要措施之一，可以考虑在有条件的学校建立资源教室；另外，符合特殊学生身心发展的评价体系应成为融合教育发展的核心[②]，这不仅可以减轻特殊学生的学业负担，还可以促使家长转变对孩子的期望。

教师和学校领导对融合教育的开展持中立态度，可能与发展融合教育所获得的政策保障和专业支持不足有关，这与邓猛的调查结果相一致，即"尽

[①] 周德林,王耀等.运用合作学习策略 全面提高随班就读教学质量 [J]. 教育科学研究,2001(06): 38-41.

[②] 李娜,张福娟.上海市随班就读学校资源教室建设和运作现状的调查研究 [J]. 中国特殊教育, 2008(10): 66-72.

管多数被调查的普小教师赞成融合教育的观点,他们绝大多数(约80%)无论农村还是城市教师都对特殊学校持赞成的态度,更愿意选择特殊学校来教育特殊儿童"[1]。因此,不定期、有针对性地开展专业指导,提供融合教育政策与经费保障,是融合教育进一步发展的关键。

三、巡回指导模式的初步建立

在此次调查的基础上,我们提出了六方面建议:一是加强政策与经费支持,二是转变家长教育态度,三是加强师资培训,四是完善评价体制和课程建设,五是加快资源教室建设,六是建立巡回指导模式,建议在区特教中心的专业支持指导下,进一步完善巡回指导模式,即特教专家和教师定期走访学校,开展案例研讨、筛查评估、训练指导工作,以协助学校及时解决各种融合问题[2]。

2014年,特教中心就巡回指导进行了专项调查,以了解学校对巡回指导的具体需求,95所学校参与调查。特教中心对95条意见和建议进行了编码加工,结果显示:核心概念"指导"为47所学校直接提及,出现频率近50%。经过进一步分析,不同学校对于指导有不同的要求:提出需要分类指导的有4所学校,需要个别化指导的有4所学校,需要常态化指导的有2所学校,需要定期指导的有6所学校,希望提高指导频次的有4所学校,提出划定巡回指导教师辖区的有3所学校。有的学校提到:"希望特教中心能够针对中、轻度随班就读学生的管理、引导与学习辅导给予我们教师更多的帮助""对智障生的分层教学设计水平和提高学困生的学业水平和学习成绩提供可行策略,对孤独症学生的随班就读制定适合的教学目标,取得实效,对医院诊断之外

---

[1] 邓猛.普通小学随班就读教师对全纳教育态度的城乡比较研究[J].教育研究与实验,2004(01):61-66.
[2] 王红霞,彭欣,王艳杰.北京市海淀区小学融合教育现状调查研究报告[J].中国特殊教育,2011(04):37-41.

的特殊学生类型有具体参照指导策略""对于随班就读学生有针对性的指导，如多动症、注意力障碍、智力障碍、抑郁症进行分类指导"等。

针对"学生"，学校意见中涉及新生、个别生、边缘生和未取证学生四个方面，共有10所学校提及，占10.5%。有的学校提到："希望关注新入学的随班就读儿童的教育""在学校工作中，存在孩子确实有很大的问题，学校、教师们做了大量辛苦的工作，但是家长就是不承认孩子的问题，特别需要通过特教中心教师的指导与帮助，确认孩子随班就读情况，以帮助学校、教师更好地开展工作"等。

针对"家长"，有8所学校提出了意见，占8.4%。有的学校提出："特殊学生的家长一般都不太接受事实，放到学校就不管，在正常班级上课确实很影响教师课堂教学，学校、教师比较苦恼这件事"，希望特教中心"能够和家长进行沟通，使家长正确面对孩子的问题，掌握科学、有效的教育方法"。

针对"师资培训"，有16所学校提出了意见，占16.8%。在此，有学校关于培训的需求提得更为具体，如希望培训"针对随班就读班主任、主管随班就读工作的领导，深化他们全纳教育的理念"，建议"特教中心设计一些讲座主题供学校选择，以便学校根据需要开展讲座活动"，也有建议"培训对象面向更广的教师群体，而不只是资源教师"等。

另外，提及"联系"的有5所学校，希望"与我校教授随班就读的教师建立飞信联系，及时请教；建立相关网站，随时登载各校的随班就读工作状态"。涉及"课堂教学"的有5所学校，希望"特教中心开放课堂，学校带领教师进行课堂教学观察，学习先进的教育教学方法，便于对学生进行有针对性的指导"。提及"资源教室"的有3所学校，希望"对各学校的资源教室建设和随班就读工作状态做好积极主动的调研和有规划和针对性的指导（尤其是实际操作方面）"。提及"评估"的有9所学校，希望"特教中心能为学校智力障碍的学生进行筛查与评估"。

在两次调查的基础上，特教中心对区域融合教育推进工作进行了新的架构，以巡回指导为核心，通过筛查评估、个案指导、课堂教学指导、资源教室建设与运作指导为学校、教师、学生及家长提供基于实践的专业支持，同时通过师资培训、教研科研等培养并储备融合教育师资。

第二节 巡回指导的政策分析

1994年，联合国教科文组织在西班牙萨拉曼卡召开了"世界特殊教育大会"，会上正式提出了"融合教育"这一教育理念。此次大会签署的《特殊教育行动纲领》声明："每一个儿童都有受教育的基本权利，必须给予他实现和保持可接受水平的学习之机会。……有特殊教育需要的学生必须有机会入读普通学校，这些学校应该使他们参与能满足其需要、以儿童为中心的教育活动中。"在我国，融合教育则体现为随班就读这一安置形式。为推动融合教育事业发展，世界各国均出台了系列政策提供保障。本节以支持保障为视角，对国外融合教育政策进行研究，结合我国教育法律法规中随班就读相关政策，以北京市融合教育相关政策为依据，这些政策对研究海淀区融合教育相关政策具有指导性作用与价值。

一、国外融合教育政策研究

（一）残疾学生教育权利保障

美国国会制定的《所有残疾儿童教育法》（PL94-142），规定确保所有残疾儿童都能接受免费的、合适的公立教育，无论残疾程度如何，都应为其提供一种无需其父母或监护人支付费用的、适合他们特殊教育需要的教育。该条规定明确了残疾儿童接受教育"零拒绝"的原则，为美国融合教育发展奠定了重要基础。1986年，《所有残疾儿童教育法》修正案对学前残疾儿童的受教育权进行专门规定，其要求从1991—1992学年开始，各州必须为所有3-5岁的学前残疾儿童提供免费及合适的公立教育，否则，它们将失去划拨给学前残疾儿童的联邦经费。英国1976年《教育法》第10条规定支持把残疾儿童放到普通学校接受教育，这是英国教育立法中第一次明确在法律上保障残疾儿童进入普通学校的权利。奥地利《特殊教育需要法案》将融合作为特殊教育需要学生接受教育的核心价值取向，融合教育以权利和公平为原则，终极目标是促进残疾学生和青年到成年生活时的全面参与。2004年，日本修订了《残疾人基本法》，明确规定要积极推进残障儿童与健全儿童之间的交流与共同学习，增进相互理解。2007年，韩国政府废止了《特殊教育振兴法》，颁布新的《特殊教育法》，重新定义融合教育，提出融合教育是"不受障碍类型和程度限制，特殊教育对象在普通学校与同龄人一起接受满足个别教育需求的适当的教育"，至此，融合教育也逐渐成为韩国特殊教育发展的主流。

（二）残疾学生入学安置保障

1. 残疾学生鉴定与评估

美国《所有残疾儿童教育法》（PL94-142）提出非歧视性评估的原则，即在儿童得到教育安置之前，必须接受多学科团体进行的综合评估，不能存在任何种族、文化或语言上的歧视。英国1981年《教育法》引入对特殊教育需要学生的鉴定与评估，为学生提供"特殊教育需要诊断报告"，拥有该诊断报告的学生享受相应的特殊教育服务。1993年《教育法》要求教师必须参与特殊教育需要儿童的评估，负责搜集特殊教育需要儿童的信息，帮助特殊教育需要儿童顺利学习。1994年，英国颁布了专门的《特殊教育需要鉴定与评估实施章程》，该章程提出，特殊教育需要的鉴定与评估不仅考虑儿童的特性，还要参考学校所提供的特殊教育服务的质量。

英国于1997年发表了《所有儿童的成功：满足特殊教育需要》绿皮书，

将重点转移到早期鉴定、干预和预防学习困难上，旨在减少有"诊断报告"的学生人数，从而减轻教育当局的经济压力。韩国1994年全面修订的《特殊教育振兴法》规定了特殊教育对象的鉴定及安置流程。障碍类型在原有的视觉障碍、听觉障碍、精神迟缓、肢体障碍、情绪障碍、言语障碍等身心障碍的基础上，增加学习障碍，并将孤独症纳入情绪障碍，但并不是具有上述障碍就是特殊教育对象，特殊教育对象是因这些障碍被鉴定为需要特殊教育的人。修订法规定高中以下的特殊教育对象由教育监根据审查委员会的审议进行鉴定，并指定适合的安置学校。教育安置综合考虑特殊教育对象的障碍程度、能力及居住地，并参考监护人的意见。

2. 残疾学生入学安置模式

美国《所有残疾儿童教育法》（PL94-142）规定最少限制环境（LRE）的原则，即残疾儿童将在最大限度内与非残疾儿童一起接受教育，对残疾儿童的安置必须与其教育需要一致。英国1981年《教育法》规定，在不影响其他儿童接受教育的情况下，特殊教育需要儿童应尽可能在普通学校接受教育。日本1993年《学校教育法实施规则》修订后，通级指导教室正式成为学校制度，主要在学校特别场所为就读于中小学普通班级的语言障碍、重听、弱视、肢体障碍、病弱、情绪障碍学生提供特殊课程的教学；2006年《学校教育法实施规则》再次修订后，强调"通级指导教室弹性化"，将孤独症、学习障碍、注意力缺陷多动障碍学生纳入特别支援教育的对象，再加上其他在教育上需要特别支援的学生，接受通级指导教室服务；2007年《学校教育法》将"特殊教育"更名为"特别支援教育"，重申了残疾学生的三级安置模式，即特别支援学校、特别支援班和通级指导教室。韩国1994年《特殊教育振兴法》规定多样化的特殊教育形式，包括巡回教育、融合教育、个别化教育、治疗教育等方面，并且首次在法律条文中使用融合教育概念。

（三）残疾学生融合教育的支持与保障

1. 资金保障

美国《不让一个孩子掉队法案》规定联邦政府应该增加残疾学生教育拨款。2004年《残疾人教育促进法》规定联邦对残疾学生的资助将大幅度增加，除了联邦政府对州的教育拨款外，在教育辅助技术、人员安排以及对幼儿和家庭等项目上的资助亦有较大幅度的提高，分别为33%、9%和8%。

2. 人员保障

英国1988年《教育改革法》之后颁布了新教师任职条例，强调新教师要具有发展和教育特殊教育需要学生的能力。英国《特殊教育需要鉴定与评估实施章程》要求任命一位特殊教育需要协调人，负责学校特殊教育政策的日常运转；联络教师，向教师提出建议；协调为特殊教育需要学生提供各种服务；继续完善学生的《特殊教育需要诊断报告》，并核查所有记录；从业人员的在职培训；与外部机构联络；征询专家意见等。韩国1994年全面修订《特殊教育振兴法》后，韩国政府通过两次专门的"特殊教育5年发展计划"，提升特殊教育质量，其中一项重要的举措就是加强特教师资培养体系，提高教师专业化水平，具体方法有在普通学校教师培训中开设特殊教育相关课程等。

3. 家长权利保障

美国《所有残疾儿童教育法》（PL94-142）规定了正当程序的原则，即家长或监护人有权利查看孩子所有的教育记录；参与孩子的鉴定与个别化教育计划会议；参与孩子的安置决定；要求孩子接受单独评价等方面；此外，学生家长还有委托法律顾问的权利。韩国1994年《特殊教育振兴法》第25条专门对特殊教育对象监护人的权利予以规定，即监护人对鉴定和教育安置有异议，可以向审查委员会提出再审申请，而审查委员会在接到申请30天内把重审结果通报给申请人。

4. 专业支持

韩国《特殊教育法》明确要求设置特殊教育支援中心，其主要任务是早期发现、诊断评估、信息管理、特殊教育研修、支援学习教学活动、支援特殊教育相关服务、巡回教育等。该法也规定了具体的支援措施，学校应为残疾学生拟订融合教育计划，本地区的特殊教育支援中心为普通学校融合教育提供巡回服务，要保证每个学生每学年150课时的教育服务。

5. 个别化支持

美国《所有残疾儿童教育法》（PL94-142）提出要为残疾学生制订个别化教育计划（IEP），该计划是教师同父母或监护人一起为残疾学生制订的，其内容主要包括：当前的学习能力水平；年度目标和与之相应的教学目标；能够提供的教育服务；达到何种程度，学生才能参与到普通教育计划中；实施服务的计划和期限；有明确标准的年度评估程序以判断教学目标是否完成。1990年《残疾人教育法》规定，每名学生在16岁前，都需要一个"个人转衔计划"（ITP）作为个别化教育计划的组成部分，主要目的是培养学生毕业后所需要的能力，如独立生存、职业培训等方面。韩国1994年修订的《特殊教育振兴法》以提供适当均等的特殊教育为目的，首次提出个别化教育计划的规定，使特殊教育从重数量向重质量发展。

6. 学业支持

1997年美国《残疾人教育法》修正案针对学校对残疾学生期望值过低的问题，提出学校要为残疾学生制定成绩目标，提高对残疾儿童的期望，促进其学业成就。《不让一个孩子掉队法案》要求学校必须缩小处境不利的学生与同龄人之间的成绩差距，提高弱势群体的学业成绩，力争不让一个孩子掉队。2004年《残疾人教育促进法》专门指出残疾学生的纪律和惩罚问题，如果残疾学生出现不当行为，若不当行为与其残疾无关，则应该对其实施与普通学生一样的惩罚；如果残疾学生的不当行为与其残疾有关，则在进行惩罚之前，要注意对残疾学生进行程序性保护。2007 年 5 月 20 日，美国教育部部长玛格丽特·斯佩林斯（Margaret Spellings）公布了修改后的关于特殊教育与康复服务的最终学业成绩标准法规，该法规明确地规定了特殊儿童的学业成就标准，包括一些保障措施，确保特殊儿童在修改后的学业成绩标准上，获得所在年级水平的教学内容，让学生有机会随着时间的推移达到符合要求的学业标准水平。英国 1988 年《教育改革法》提出实施国家课程，但是在特殊情况下，国家课程要求的范围可以根据国务大臣制定的条款予以解除或修改，这就为英国融合教育课程的调整提供了法律保障。

二、国家随班就读法律、法规与政策研究

（一）国家随班就读相关法律法规

早在 20 世纪 50 年代，我国在部分农村地区就出现了接收残疾儿童跟班学习的现象，但限于当时的文化氛围和事业发展的限制，这时还不能从法律、法规等角度对这些教育行为进行规范和规定（刘全礼，2007）。1987 年 12 月 30 日国家教委在关于印发《全日制弱智学校（班）教学计划》（征求意见稿）的通知中初次提出"随班就读"这一术语，即"在普及初等教育的过程中，大多数轻度弱智儿童已经进入当地普通小学随班就读。这种形式有利于弱智儿童与正常儿童的交往，是在那些尚未建立弱智学校（班）的地区，特别是农村地区解决轻度弱智儿童入学问题的可行办法"。同年，我国政府在全国 15 个县、市有组织、有计划地展开了随班就读的实验研究。1988 年，随班就读正式作为发展特殊教育的一项政策，在我国第一次特殊教育工作会议上通过。

诚然，我国随班就读工作开展了近三十年，探索了不少经验，各地区也因地制宜开辟本土模式，但由于目前我国尚无特殊教育立法，便通过《宪法》《教育法》《义务教育法》《残疾人保障法》与《残疾人教育条例》等法律法规

来肯定随班就读的合法性，对残疾儿童少年的受教育权利、入学安置、办学保障与法律问责作出了相关规定。

1. 保障残疾人受教育权利

我国《宪法》规定："国家和社会帮助安排盲、聋、哑和其他有残疾的公民的劳动、生活和教育。"这是从宪法的角度保障了残疾公民依法享有教育权利，并且国家和社会要对其负责。此外，《中华人民共和国教育法》指出："国家、社会、学校及其他教育机构应当根据残疾人身心特征和需要实施教育，并为其提供帮助和便利。"《中华人民共和国义务教育法》也明确指出："义务教育是国家统一实施的所有适龄儿童、少年必须接受的教育，是国家必须予以保障的公益性事业……保障家庭经济困难的和残疾的适龄儿童、少年接受义务教育。"我国通过立法保障了残疾儿童少年的基本教育权利，使他们能够依法入学。对于普通学校暂时无法满足残疾儿童少年教育需求的，《残疾人教育条例》第四十七条规定："普通学校应当根据实际情况，为残疾学生入学后的学习、生活提供便利和条件。"

2. 随班就读入学安置方式

我国《义务教育法》规定："普通学校应当接收具有接受普通教育能力的残疾适龄儿童、少年随班就读，并为其学习、康复提供帮助。"此外，《中华人民共和国残疾人保障法》还指出："普通教育机构对具有接受普通教育能力的残疾人实施教育，并为其学习提供便利和帮助。"该法还具体规定了各学段残疾儿童少年安置入学形式，"普通幼儿教育机构应当接收能适应其生活的残疾幼儿；普通小学、初级中等学校，必须招收能适应其学习生活的残疾儿童、少年入学；普通高级中等学校、中等职业学校和高等学校，必须招收符合国家规定的录取要求的残疾考生入学，不得因其残疾而拒绝招收"。同样，《残疾人教育条例》第十七条也对适龄残疾儿童、少年接受义务教育的安置形式进行明确的规定，适龄残疾儿童、少年可以选择在普通学校随班就读，或在普通学校、儿童福利机构或者其他机构附设的残疾儿童、少年特殊教育班就读，或在残疾儿童、少年特殊教育学校就读，地方各级人民政府应当逐步创造条件，对因身体条件不能到学校就读的适龄残疾儿童、少年，采取其他适当形式进行义务教育。对于拒绝招收残疾儿童、少年的现象，《中华人民共和国残疾人保障法》还指出："当事人或者其亲属、监护人可以要求有关部门处理，有关部门应当责令该学校招收。"

3. 随班就读的办学保障

第一，物质条件保障。《中华人民共和国残疾人保障法》和《残疾人教育条例》均提到要为残疾人接受教育创造条件。《残疾人教育条例》第二十一条明确规定："普通学校应当按照国家有关规定招收能适应普通班学习的适龄残疾儿童、少年就读，并根据其学习、康复的特殊需要对其提供帮助；有条件的学校，可以设立专门辅导教室……随班就读残疾学生的义务教育，可以适用普通义务教育的课程计划、教学大纲和教材，但是对其学习要求可以有适度弹性。"《特殊教育提升计划（2014—2016）》还提到："尽可能在普通学校安排残疾学生随班就读，加强特殊教育资源教室、无障碍设施等建设，为残疾学生提供必要的学习和生活便利。"这是从辅导教室、资源教室、无障碍设施、课程计划、教学大纲和教材等方面，给残疾学生提供合适的物质条件保障。

第二，教育经费保障。《义务教育法》规定："特殊教育学校（班）学生人均公用经费标准应当高于普通学校学生人均公用经费标准。"《特殊教育提升计划（2014—2016）》提出："义务教育阶段特殊教育学校生均预算内公用经费标准要在三年内达到每年6000元；随班就读、特教班和送教上门的义务教育阶段生均公用经费参照上述标准执行。"此外，还将进一步提升残疾学生的资助水平。

第三，师资队伍保障。在师范生培养中鼓励特殊教育课程的普及。《残疾人教育条例》第四十一条规定："普通师范院校应当有计划地设置残疾人特殊教育必修课程或者选修课程，使学生掌握必要的残疾人特殊教育的基本知识和技能，以适应对随班就读的残疾学生的教育需要。"《特殊教育提升计划（2014—2016）》也提出："鼓励高校在师范类专业中开设特殊教育课程，培养师范生的全纳教育理念和指导残疾学生随班就读的教学能力。"此外，《计划》还针对上岗资格作出要求，要"推动地方确定随班就读教师、送教上门指导教师和康复训练人员等的岗位条件，将特殊教育相关内容纳入教师资格考试"。针对在职教师，强调要"加强随班就读教师、资源指导、送教上门等特殊教育教师培训"。在绩效考核中，"对在普通学校承担残疾学生随班就读教学和管理工作的教师，在绩效考核中给予倾斜"。这是从教师职前培养、入职资格、职后培训和工作考核四个方面加强随班就读师资队伍建设保障，以满足随班就读环境的教育教学诉求。

4. 法律责任保障

对于违反我国法律中对随班就读相关规定的现象，我国法律体系中也有一些相应的问责措施。《中华人民共和国义务教育法》第五十七条中提到："拒绝接收具有接受普通教育能力的残疾适龄儿童、少年随班就读的，由县级人民政府教育行政部门责令限期改正；情节严重的，对直接负责的主管人员和其他直接责任人员依法给予处分。"《残疾人教育条例》第五十条规定："有下列行为之一的，由有关部门对直接责任人员给予行政处分：（一）拒绝招收按照国家有关规定应当招收的残疾人入学的；（二）侮辱、体罚、殴打残疾学生的；（三）侵占、克扣、挪用残疾人教育款项的。有前款所列第（一）项行为的，由教育行政部门责令该学校招收残疾人入学。有前款所列第（二）项行为，违反《中华人民共和国治安管理处罚条例》的，由公安机关给予行政处罚。有前款所列第（二）项、第（三）项行为，构成犯罪的，依法追究刑事责任。"

（二）国家随班就读主要政策文件

为保障我国随班就读工作的顺利开展，国家教委也先后下发了系列随班就读工作相关文件，在此对主要的三个文件进行研究解读。

1.《关于开展残疾儿童少年随班就读工作的试行办法》

1994年，国家教委正式下发了《关于开展残疾儿童少年随班就读工作的试行办法》，对随班就读的对象、入学、教学要求、师资培训、家长工作、教育管理方面进行了相关规定。这是我们国家第一个比较全面的随班就读政策指导文件。

《试行办法》规定了残疾儿童少年随班就读的对象，主要是指视力（包括盲和低视力）、听力语言（包括聋和重听）、智力（轻度，有条件的学校可以包括中度）等类别的残疾儿童少年，一般应当由相应专业技术人员对其残疾类别和程度进行检测和鉴定。

在入学方式上，《试行办法》规定残疾儿童少年随班就读应当就近入学，入学年龄与普通儿童相同，特殊情况可以适当放宽。在普通学校随班就读的残疾儿童少年每班以1-2人为宜，最多不超过3人。

在教学要求上，学校应当安排残疾学生与普通学生一起学习、活动，补偿生理和心理缺陷，使其受到适于自身发展所需要的教育和训练，在德、智、体诸方面得到全面发展。此外还对随班就读学生使用的教材、教具、辅具、辅导室进行了说明，提出要对残疾学生因材施教，课堂中应当以集体教学为主，并要对残疾学生加强个别辅导。对残疾学生的考核评估，应当包括思想品德、文化知识、缺陷矫正和补偿以及社会适应能力等方面。

此外，《试行办法》还对师资培训、家长工作和教育管理都进行了详细的说明与规定，为当时随班就读工作指明了方向。该文件覆盖了当时随班就读工作的各方面内容，给随班就读工作的开展提供了基本保障，至今亦有指导意义。

2.《特殊教育提升计划（2014—2016）》

2014 年，国家为加快推进随班就读发展，国务院转发了教育部等部门提出的《特殊教育提升计划（2014—2016）》。《提升计划》是面向全国特殊教育事业提出的三年发展规划，其中也包括了随班就读工作。《提升计划》在总目标中首先提出："全面推进全纳教育，使每一个残疾孩子都能接受合适的教育。"在主要措施中，提出要扩大普通学校随班就读规模，尽可能在普通学校安排残疾学生随班就读，加强特殊教育资源教室、无障碍设施等建设，为残疾学生提供必要的学习和生活便利。在加大特殊教育经费投入力度中，指出随班就读的义务教育阶段生均公用经费参照义务教育阶段特殊教育学校生均预算内公用经费标准。在基础能力建设中，支持承担随班就读残疾学生较多的普通学校设立特殊教育资源教室（中心），配备基本的教育教学和康复设备，为残疾学生提供个别化教育和康复训练。在师资队伍建设中，对在普通学校承担残疾学生随班就读教学和管理工作的教师，在绩效考核中给予倾斜；推动地方确定随班就读教师的岗位条件，加强普通学校随班就读教师培训。

3.《普通学校特殊教育资源教室建设指南》

2016 年初，教育部办公厅印发了《普通学校特殊教育资源教室建设指南》（教基二厅〔2016〕1 号），对普通学校资源教室建设作了详细全面的指导。《建设指南》明确了资源教室是为特殊教育需要学生、教师和家长提供特殊教育专业服务的场所，详细说明了其具备的六项功能：a. 开展特殊教育咨询、测查、评估、建档等活动；b. 进行学科知识辅导；c. 进行生活辅导和社会适应性训练；d. 进行基本的康复训练；e. 提供支持性教育环境和条件；f. 开展普通教师、学生家长和有关社区工作人员的培训。对资源教室的布局指出："招收 5 人以上数量残疾学生的普通学校，一般应设立资源教室。不足 5 人的，由所在区域教育行政部门统筹规划资源教室的布局，辐射片区所有随班就读学生，实现共享发展。"要求场地面积应不小于60平方米，所附基础设施要符合《无障碍环境建设条例》《无障碍设计规范》《特殊教育学校建筑设计规范》中的有关规定。建立资源教室区域包括学习训练、资源评估和办公接待等基本区域。此外，还对资源教师与管理规范都提出了相应要求，详细罗列了资源教室可培训教具辅具等物资的配备。

三、北京市随班就读相关政策

我国法律法规和教育部相关文件是对随班就读安置形式的顶层设计，具体实施与开展工作还需要各地结合实际执行。为规范北京市随班就读工作，进一步加快首都融合教育事业发展，2013年，北京市先后出台了《关于进一步加强随班就读工作的意见》（京教基二〔2013〕1号）和《北京市中小学融合教育行动计划》（京政办函〔2013〕24号）。

（一）《关于进一步加强随班就读工作的意见》

第一，该文件强调了要充分认识到随班就读工作的重要意义。随班就读是残疾儿童少年接受义务教育的主要形式，残疾人事业的发展是衡量一个国家一个地区社会文明程度的重要标志，做好残疾儿童少年义务教育、加强随班就读工作，是提升首都社会文明程度、建设中国特色世界城市的重要内容。第二，完善随班就读对象的确认、入学等管理机制。制定《北京市各类残疾类别随班就读具体标准》，根据该标准给学生安置到适宜的教育环境之中。此外，还规定了学生的学籍与档案的管理。第三，强调以人为本，注重融合，提高随班就读教育质量。要将随班就读工作纳入普通学校整体工作计划之中，强调以学生发展为本的教育。此外，还提出使用普通课程且可调整、建立个别化评价体系、建立资源教室和健全家校沟通交流机制等。第四，加强随班就读师资队伍的建设。指出要完善随班就读教师专业发展标准体系、健全随班就读师资培训长效机制、加强特殊教育的科学研究和建立随班就读教师规范考核和奖励的双向机制。第五，强调责任落实。对随班就读管理体制、经费保障、特教中心建设、督导制度和舆论引导等各方面都有所说明。

该文件在如上意见的基础上，还以附件的形式制定了《北京市残疾儿童少年随班就读工作管理办法》。该办法将随班就读对象扩大为各类轻度残疾儿童少年，而不局限于以往"视听智"老三类残疾儿童少年，并且对于随班就读学生的评估与安置情况也作了相应的说明。在支持保障方面，提出区县行政部门要设立具有单独编制和管理人员的特殊教育中心，建立专、兼职巡回指导教师队伍，要发挥对随班就读工作的管理、培训、研究、指导与服务功能。办法还指明巡回指导教师的主要职责、特教学校与普通学校的职责、资源教室与资源教师的建设与管理要求等。办法要求学校要加强对资源教室的管理，建立有效的运作机制，保障资源教室功能可持续发展；资源教室至少要设专职资源教师1名，兼职资源教师在资源教室的工作量不应低于其工作总量的三分之二。在教育与教学方面，强调个别化教育计划的制订程序和实施落实，通过个别化教育训练使随班就读学生更好地适应普通学校的学习。此外还要求建立随班就读学生个人成长档案，学校做好档案管理。教学方面原则上以班级学习为主，执行普通学校课程方案与课程标准，根据学生需要可适当调整，同时增加特殊课程。任课教师要研究随班就读课堂教学策略，开展有针对性的教学。最后提出要加强师资培训的力度。

文件的另一附件是《北京市各类残疾类别随班就读具体标准》，该标准制定了视力残疾、听力残疾、言语残疾、智力残疾、肢体残疾、精神残疾和多重残疾七类学生随班就读的残疾标准，可为随班就读安置提供参考依据。

（二）《北京市中小学融合教育行动计划》

该计划是为进一步加快首都特殊教育事业发展，尊重并保障残疾儿童少年拥有平等享受基本公共教育服务的权利，使他们更好地融入社会而制定的。《行动计划》提出了融合教育工作的三个原则，即"以人为本、实现融合，落实责任、政策倾斜，项目带动、分步实施"。提出"要在全国率先实现残疾儿童'普九'目标，各类残疾儿童少年义务教育入学率达99%以上……加强普通学校资源教室建设和通用无障碍环境建设"的建设目标。

在重点工作中，强调要加强特殊教育支持中心的建设，各区县至少建1所符合残疾儿童少年身心特点、具有示范性的特殊支持教育中心，引领区域内特殊教育发展；要求中心明确工作职责，明确专、兼职工作人员，并且支持区域内教学、科研、康复训练、课程开发、特殊教育资源库建设等。实施特殊教育学校学生双学籍制度，学生具有特殊教育学校学籍和户籍所在地就近入学学校学籍，确保每名学生每月至少半天参加普通学校活动。此外，《行动计划》还把促进全市每一所公办义务教育学校接收随班就读学生，积极开展特殊儿童随园就读工作，推进巡回指导教师队伍建设，加快资源教师队伍建设和完善随班就读教师队伍建设都作为重点工作——指出。

在保障措施方面，强调政策责任，把各级各类特殊教育纳入经济和社会发展整体规划，把特殊教育发展列入议事日程。确立特殊教育优先发展的地位，强化发展特殊教育的责任。此外，明确了市教育部门、民政部门、财政部门、人力社保部门、卫生部门、机构编制部门、规划部门、住房城乡建设部门和残联的分工职责。最后提出要加大经费投入以及强化督导评价。

四、海淀区随班就读保障政策的研究

我国基本法律、法规和政策是国家对随班就读发展的基本的强有力的保障，北京市相关文件对市整体融合教育发展作出了详细规划，但具体实施细则还需要落实到各区，结合实际开展工作。海淀区随班就读教育事业在全国发展领先，为保障区域融合教育长效发展，在国家相关法律、法规和政策的基本保障下，依据北京市相关文件要求，结合海淀区实际，编写系列实施细则与意见或管理办法，以建立长效机制使工作顺畅开展。

2008年，海淀区教委印发了《海淀区普通学校资源教师和随班就读辅导教师管理办法》，对普通学校资源教师和随班就读辅导教师提出了管理办法，规范了资源教师任职条件、资源教师与辅导教师主要职责，还对奖励与津贴进行了规定。《管理办法》还规范了资源教室的管理与申请流程，保障了区域资源教室建设与运作的顺畅进行。

2015年，海淀区基教一科与区特教中心共同出台了《关于进一步加强融合教育工作的指导意见》，对各中小学融合教育实施提出了指导意见。首先，需要提高认识，明确融合教育的重要意义。其次，建议建立多方位的特殊教育体系，如特教学校、随班就读、送教上门、资源教室、半日融合半日训练等多种安置方式，提供个别化教育计划制订、巡回指导、康复训练的专业支持。特殊教育学校学生实施双学籍制度，保障每名学生每月至少半天参加普通学校活动；随班就读学生实施双档案制度，其档案在学籍所在学校和区特教中心同时备案并进行跟踪管理。然后，要求切实做好融合教育机制保障，对师资培训和资源教室都提出了管理办法。最后，要密切关注与了解学生，学校启动特殊教育预警机制，对问题学生提供个别化教育服务以及建立筛查、评估、鉴定、安置、追踪的工作机制。

此外，区特教中心还拟出了未正式出台的政策文件，来规范区域特殊教育管理与发展，如《海淀区"十三五"时期特殊教育改革和发展规划》《关于海淀区残疾儿童少年入学安置的意见》《海淀区特殊教育学校学生双学籍实施细则》《海淀区融合教育行动计划（2014—2016年）》《海淀区孤独症谱系障碍学生管理制度（征求意见稿）》《海淀区融合教育学科带头人、骨干教师选拔和管理暂行办法的补充意见》等。这一系列文件从海淀区特殊教育与融合教育整体发展规划到具体政策的管理与实施，都逐一进行了规定，从制度上保障区域融合教育的顺利开展，推进区域融合教育的高品质发展。

第三节　巡回指导的内容和作用

2009年，国务院办公厅转发教育部等八部门《关于进一步加快特殊教育事业发展意见的通知》，明确提出"重点推进县（区）级随班就读支持保障体系的建立和完善""建立特殊教育学校定期委派教师到普通学校巡回指导随班就读工作的制度，确保随班就读的质量"。巡回指导为区域融合教育推进工作的核心，巡回指导工作主要涉及巡回指导教师、资源教师、随班就读教师及家长、学生等群体。

一、人员及职责

（一）巡回指导教师

Luckner将巡回指导教师界定为穿梭在不同学校之间，为聋或重听学生提供指导和咨询的专业教师[1]。根据2009年国务院办公厅发布的文件，巡回指导工作主要由特殊教育学校教师承担，由此可以说巡回指导教师是特教学校的教师。海淀区融合教育的推进最初也是由区域内特教学校承担，巡回指导教师也是特教学校教师，只是在专业上要求更高。目前，海淀区成立了独立的特殊教育研究与指导中心，巡回指导教师即为特教中心的专业教师，巡回指导教师的职责如下：

1. 为普通学校教师提供指导与服务。配合普通学校教师分析随班就读学生的发展情况，与随班就读教师共同研究并解决教育教学、康复训练中的困难与问题，指导资源教师开展康复训练工作。

2. 为随班就读学生和家长提供指导与服务。为有需要的学生提供筛查评估，了解学生特殊康复训练的需要，确定康复训练项目，并承担一定课时的康复训练任务；为家长提供教育咨询，指导家长采用正确的方法对学生进行

---

[1] J. L. Luckner, Ayantoye C. Itinerant Teachers of Students Who Are Deaf or Hard of Hearing: Practices and Preparation[J]. Journal Of Deaf Studies And Deaf Education, 2013, 18（03）:409-423.

康复训练。

3. 为普通学校开展随班就读工作提供服务。了解普通学校开展随班就读工作的情况，对随班就读学生的确定、安置、教育资源的配置和利用等工作提供咨询服务。

4. 承担随班就读学生的双档案管理工作。掌握区域内随班就读学生的情况，参与随班就读学生的审核，负责随班就读学生个人档案、学籍管理工作，及时更新有关信息。

5. 与其他部门密切配合，共同做好融合教育相关工作。

（二）资源教师

资源教师是特殊教育与普通教育沟通的桥梁，负责对特殊儿童进行个别辅导、补救教学，对普通班教师和家长提供咨询与支持服务。海淀区资源教师需要经过区特殊教育研究与指导中心的培训与认定，合格者颁发海淀区资源教师资格证书。资源教师具体承担以下工作：

1. 对学生的特殊教育需要进行筛查和教育评估。

2. 根据学生的特殊教育需要指导学科教师制订个别化教育计划。

3. 资源教室的运作与管理：

（1）资源教室的建设规划；

（2）资源教室课程的安排；

（3）资源教室的使用与维护；

（4）资源教室档案的整理；

（5）资源教室展示活动（每学年一次）。

4. 根据个别化教育计划对学生进行补救性教学与康复训练。

5. 专职资源教师每周对特殊教育需要学生开展的资源教室课程不少于10节；兼职资源教师对特殊教育需要学生开展的资源教室课程不少于5节。

6. 为随班就读教师提供融合教育技术支持。

7. 为特殊教育需要学生的家长提供咨询服务。

8. 及时与海淀区特殊教育研究与指导中心沟通，将学校、教师及学生的需要上报特教中心。

9. 每学年撰写资源教室的工作计划和总结，学年末将总结上交特教中心存档。

10. 每学期至少召开一次随班就读学生个案研讨活动，邀请学校主管干部、学生所在班级班主任、任课教师、学生家长及特教中心教师参加，做好个案研讨记录（文字与照片）。

11. 每学年参加专业学习的时间不少于40课时，纳入特殊教育继教管理系统。

（三）随班就读教师

随班就读教师即特殊教育需要学生所在班级的任课教师，具体承担以下工作：

1. 每学期为特殊教育需要学生制订并实施个别化教育计划。

2. 参与特殊教育需要学生的个案研讨。

3. 注重融合教育理论学习和实践探索，及时总结和交流经验。

4. 建立随班就读学生的成长档案，探索随班就读学生小、中衔接的有效方法。

5. 每学年参加专业学习的时间不少于4课时，纳入特殊教育继教管理系统。

二、巡回指导的工作内容

从国外的实践来看，特殊学校的巡回指导主要是面向普通学校中的特殊教育需要儿童，为他们顺利接受融合教育提供全方位支持，包括直接的补救教学、教学辅助器具的提供、康复训练、心理辅导等，更多是一种直接指向特殊教育需要儿童的巡回服务[1]。Luckner 和 Miller 1994 年对美国 48 个州 319 名听力障碍学生的巡回指导教师开展了一项关于巡回指导教师的职责、概念及准备状态的调查，结果显示巡回指导教师工作中最重要的部分是直接教学指导[2]，与 Luckner 2013 年再次调查的结果一致[3]，其次是为教师和家长提供咨询、监控学生在普通教室的表现、教室环境的调整、评估学生、开展在职培训、为学生进行人员安排。Foster 和 Cue 2009 年的研究显示，面向聋或重听学生的巡回指导教师工作内容主要有以下几项：面对学生的直接教学、面向普通教师的咨询、制订 IEP、协调会议及支持服务、为家长提供信息、听力辅助设备及 FM 系统的维护[4]。

2014 年，我们对区域内普通中小学校进行了调查。当时，海淀区有随班就读学生的普通中小学校共有 142 所，其中 95 所学校反馈了结果，比例约 67%。

表 1　样本基本信息（N=95）

		数量	百分比（%）
学校类型	小学	75	78.9
	中学	20	21.1
随班就读学生人数	少于 5 人	58	61.1
	5 人及以上	37	38.9
资源教室	有	40	42.1
	无	55	57.9
资源教师	有	37	38.9
	无	58	61.1
巡回指导	有	60	63.2
	无	35	36.8

---

[1] 李拉. 随班就读巡回指导的现实困境与对策 [J]. 现代特殊教育，2012（03）:7-8, 31-33.

[2] J. L. Luckner, Miller K. J. Itinerant Teachers: Responsibilities, Perceptions, Preparation, and Students Served[J]. American Annals of the Deaf, 1994, 139（02）:111-118.

[3] J. L. Luckner, Ayantoye C. Itinerant Teachers of Students Who Are Deaf or Hard of Hearing: Practices and Preparation[J]. Journal Of Deaf Studies And Deaf Education, 2013, 18（03）:409-423.

[4] S. Foster, Cue K. Roles and responsibilities of itinerant specialist teachers of deaf and hard of hearing students[J]. American Annals of the Deaf, 2009（153）:435-447.

由表 1 可知，参与调查的小学有 75 所，占 78.9%；37 所学校随班就读学生人数等于或大于 5 人，占 38.9%，其中随班就读学生人数最多的达到 37 人；40 所学校建有资源教室，占 42.1%；37 所学校有资源教师，占 38.9%；60 所学校接受过巡回指导，占 63.2%。

本调查由各学校的反馈得出巡回指导教师工作内容，依次为筛查评估、信息调查、资源教室建设指导、课堂教学指导、师资培训、康复训练和其他工作。信息调查是 2010 年底巡回指导刚开始时开展的一项工作，在调查之后，区特教中心以筛查评估和资源教室建设为抓手，全面推进巡回指导工作。为了提升随班就读课堂教学质量，每年特教中心都组织随班就读评优课活动，以此为平台开展课堂教学指导。根据学校的需要，巡回指导教师参与学校的教研组活动，开展随班就读相关知识、技能以及政策的培训。各校最少提及的是直接面向学生的康复训练。整个海淀区随班就读学生 700 多人，参与本次调查的 95 所学校共有随班就读学生 451 人，学生的障碍类型多样，包括智力、听力、视力、肢体、孤独症、脑瘫、精神等，直接康复训练需要大量的师资，彼时特教中心由于人员的限制不能满足这种需求，只是在海淀学区内几所学校开展了试点，巡回指导教师与学校结对定点服务，进行了康复训练实践。

表 2 巡回指导教师工作内容（N=60）

项目	数量	百分比（%）
信息调查	29	48.3
筛查评估	32	53.3
康复训练	10	16.7
课堂教学指导	24	40.0
资源教室建设指导	27	45.0
师资培训	17	28.3
其他工作	4	6.7

2014年海淀区普通中小学调查结果显示，巡回指导教师最主要的工作是为学生提供筛查评估，直接面向特殊学生，这与国外巡回指导的实践具有相似性。信息调查和资源教室建设指导比重分别排在第二与第三位，表明了解学校融合教育现状并指导资源教室建设在巡回指导教师工作中占有重要地位。

三、巡回指导的工作流程

不论是国外的巡回实践，还是我们当时的巡回实践，直接面向学生的巡回服务是巡回指导工作的重点内容。基于此，我们形成了巡回指导的工作流程图。

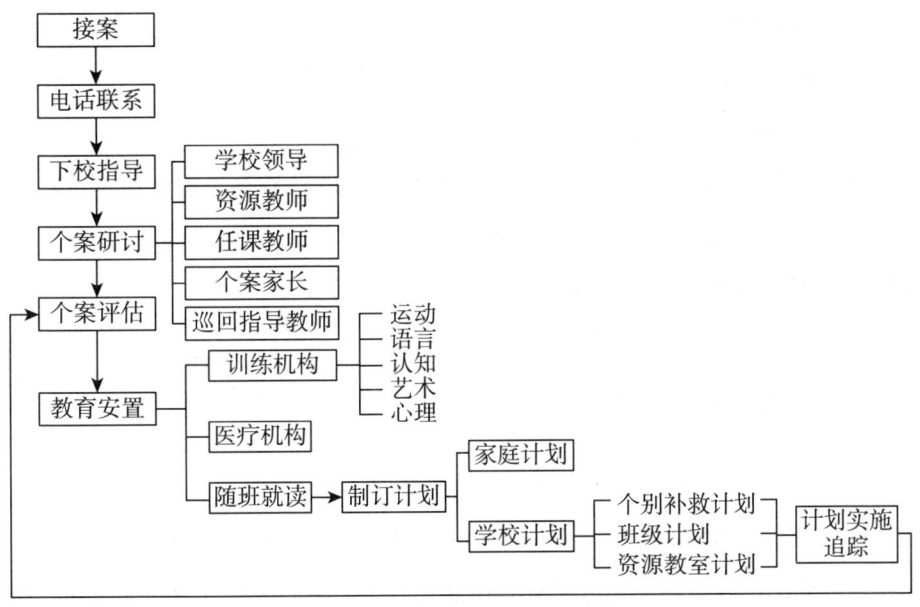

图1　巡回指导工作流程

1. 接案

通常情况下有两种途径，一是学校教师发现某个学生表现与其他学生之间存在较为明显的差异，教师将这种情况反馈到学校，学校与特教中心联系寻求支持；二是家长申报，家长通过教师的反馈或者自己的观察发现孩子与同龄孩子的差异，与特教中心联系寻求支持。特教中心对学校或家长的需求进行登记。

2. 电话联系

在接案之后，特教中心工作会议会对登记的学生情况进行初步的沟通，安排巡回指导教师予以对接，巡回指导教师通过电话与学校或家长进行联系。

3. 下校指导

巡回指导教师到学生所在学校进行课堂或课下的观察。

4. 个案研讨

召集学校领导、资源教师、任课教师及家长，通过研讨的形式全面了解学生各方面的信息。如果不能集中研讨，也可采取个别访谈的形式进行。

5. 个案评估

在前期观察、访谈的基础上，考虑是否对学生进行专项评估。

6. 教育安置

根据评估的结果，对学生进行教育安置，具体涉及是否需要在训练机构进行专项的训练，是否需要在医疗机构进行治疗，是否需要随班就读备案以及制订相应的家庭与学校计划等。

四、巡回指导的作用

（一）直接面向学生的筛查评估与咨询指导

在下校指导初期工作中，巡回指导主要体现在对学生的筛查评估及对教师和家长的咨询指导方面。巡回指导利用北大六院、海淀区精神卫生防治院、特教学校和青少年心理支持中心的医学、特殊教育资源，成立"海淀区特殊教育需要学生评估专家小组"，对巡回指导教师初筛后的特殊教育需要学生进行系统的评估，并出示专家评估报告，供教育主管部门、学校、教师及其家长参考。

（二）直接服务学生的个案指导

个案指导主要从两个方面进行，一是在筛查评估的基础上，我们对学生的教育及康复需求有了全面的了解，据此对学生进行教育及康复专项训练。二是对学生所在学校进行个案指导，通过师资培训和资源教室建设帮助学校进行师资和硬件的准备，帮助学生更好地融入学校，通过课堂教学指导及同伴交往支持等帮助学生更好地融入班级。

（三）直接面向教师的课堂教学指导

对于随班就读教师来说，他们更为关注的是在课堂上怎么做到照顾集体的同时兼顾随班就读学生个体。巡回指导教师与随班就读教师一起进行教育支持方式的选择与运用，大致采用以下几种教育支持方式：1. 采用座位调整，使用同伴指导、小组学习等策略，利用普通学生给随班就读学生提供支持；2. 通过降低提问难度、提供任务单等对随班就读学生进行教学内容的调整；3. 通过集体练习中的个别指导来对随班就读学生进行特别的教学；4. 通过资源教室采取抽离式的补救教学。

（四）直接面向学校的资源教室相关指导

在巡回指导前期调研中，我们对各校资源教室建设情况做了摸底，了解了区内资源教室的运作及建设情况，对有计划建设资源教室的学校进行了统计。

资源教室的建设有效地促进了随班就读工作的开展，也对资源教师提出了更高的要求，需要资源教师与巡回指导教师进行更紧密的合作交流。在筹建初期，巡回指导教师与资源教师根据学校随班就读学生的需要，参照资源教室的配备清单共同讨论建设方案；中期，在硬件设备到位之后，根据功能区域的划分对资源教室进行环境布置；后期，巡回指导教师对资源教师进行业务指导，共同商讨资源教室的功能定位、课程安排等。

（五）对师资培训的间接促进作用

通过调查、访谈，我们了解到学校对巡回指导的需求，据此确定巡回指导的主要工作方向，期望通过巡回指导直接促进筛查评估、康复训练、课堂教学及资源教室的建设，为学生、教师及学校提供直接的支持。在直接面对学生、教师以及学校的过程中，进一步收集学校及教师开展融合教育普遍遇到的难点与困难，以及巡回指导教师自身的困惑及专业支持需求，在此基础上，分类分层开展教师培训，整体提升教师的专业化水平，为融合教育的发展提供专业的支持。

第二章 巡回指导的评估实践

第一节 筛查评估的理论基础

融合教育已经成为世界特殊教育发展的主流和不可逆的趋势，融合教育更加具有实践关怀，更加注重实践中的质量提升。我国随班就读属于世界融合教育的范畴，是实用主义的融合教育发展模式。我国出台了一系列促进随班就读发展的政策文件，义务教育阶段残疾学生的入学率得到极大提升，但是在质量提升上仍旧面临诸多挑战。为此，学校应以融合为导向进行变革，从学校教育的核心工作入手，大力推进融合教育发展。其中，学生评价体系的变革是推动融合教育发展的重要着力点。

一、学生评价的理论与实践

（一）学生评价的理念

学生评价一直是教育中的核心问题，是连接课程与评价的重要桥梁。传统的学生评价往往注重诊断与筛选的功能，教师在学生评价中具有绝对的话语权，学生的长远发展则容易受到忽视。徐岩从新课程实施的背景出发，分析了学生评价理念的变革，即学生评价的根本目的是促进学生的发展，而不是把学生分成三六九等；评价的本质功能是为教和学提供反馈，帮助促进学习，筛选和选拔只是评价的部分功能，而非全部[①]。何云峰提出了基于发展性评价理念的"五维一体"学生评价创新模式，着重强调了发展性评价，充分发挥评价对学生学习和发展的促进作用，在关注共性的基础上注重个体的差异发展，通过系统搜集评价信息加以分析。此外，他还指出发展性评价具有四方面的特征：（1）评价主体多元化；（2）评价内容多样化；（3）评价注重过程性；（4）强调评价的人文关怀[②]。俎媛媛对美国真实性评价进行了综述，阐释了真实性评价的内涵及特征，真实性评价强调学生运用自己所学的知识和掌握的技能解决生活中或现实情境相似的真实性任务，从而培养并展示自己的知识、才能等以解决现实问题。真实性评价的目的是为了促进学生解决实际问题的能力，是一种多元化的、过程性的、动态的和发展性的评价理念[③]。当前，随着第四代教育评价理论的兴起，以及表现性评价、成长记录袋评价、真实性评价等新兴教育评价方式的应用与推广，教育评价更加侧重改进而非证明，教育评价的功能也逐渐从注重甄别转向重视诊断、激励和发展，并且已经成为当代教育评价发展的主流趋势[④]。

综上，学生评价的理念正在逐渐发生转变，由传统的注重对学生的诊断与选拔，到更加注重学生的真实表现、问题解决能力，并以最终促进学生的长远发展为重要目标。学生评价还更加注重多元主体与内容，更加强调评价的过程性，逐渐关注学生之间的差异性。

（二）学生评价的主体

评价主体是指参与教育评价活动的组织与实施，按照一定标准对评价客

[①] 徐岩，丁朝蓬，王利．新课程实施以来学生评价改革的回顾与思考[J]．课程·教材·教法，2012（03）：12-21.

[②] 何云峰，李长萍，赵志红．基于发展性评价理念的"五维一体"学生评价创新[J]．中国大学教学，2011（02）：61-63.

[③] 俎媛媛．美国真实性学生评价及其启示[J]．教育发展研究，2007（06）：62-66.

[④] 董奇，赵德成．发展性教育评价的理论与实践[J]．中国教育学刊，2003（08）：22-25,49.

体进行价值判断的个人或团体。美国评价学者派特提出"多元主体参与评价"的观点，他主张应该把需要使用评价信息的各方人员请到评价中来，从而使评价结果能够更好地满足多方的需求[①]。2002年6月，美国国家标准研究会（ANSI）首次公布了《学生评价标准》，提出了学生评价的专业化要求，使教师、学生本人、家长、管理者和社区等都参与到学生评价中，从而得到更加全面、可信的结果，建立起长期、良好的学生评价机制[②]。学生评价主体的多元化充分体现了教育的民主化要求，随着多元评价的发展，评价者的组成发生了根本变化，即评价的客体及其他与之相关的人员也加入评价的行列，如此一来，保证了评价客体的参与权利，从更多视角完善评价的信息和结果。

就国内相关研究而言，发展性学生评价强调评价主体的多元化，增强评价主体之间的沟通，建立学生、教师、家长、管理者和专家等共同参与的评价机制，从多种渠道搜集学生相关信息作为评价的依据。王凯在《普通高中学生评价问题研究》中提出了评价共同体问题，文中指出多元评价的重要表现之一就是评价者的多元化，即由原来的教师和学校扩展到学生、家长和社区人员，这些人员构成学生评价的共同体[③]。

（三）学生评价的内容

学生评价的内容是教育目标的具体体现，反映了具有时代特点的教育观和人才观[④]。传统的学生评价内容主要是通过纸笔测验的方式了解学生在不同学科上的学业成绩，具体的指标是学生对各学科知识的积累和掌握。但是随着近年来世界教育发生的变革以及对学生评价提出的新要求，学生评价的内容也随之得以扩展。国际著名的学生评价项目PISA测验（The Programme for

---

① 刘洋. 学习过程中多元主体的学生评价研究[D]. 大连：辽宁师范大学，2009.
② 教育部基础教育课程教材发展中心. 新课程与评价改革[M]. 北京：教育科学出版社，2001：132-141.
③ 王凯. 普通高中学生评价问题研究[J]. 当代教育科学，2003（24）：9-10.
④ 闫莉. 基于多元智能理论的学生评价研究[D]. 西安：西安电子科技大学，2010.

International Student Assessment）的评价内容主要有四个领域，即阅读领域、数学领域、科学领域和问题解决领域，评价的重点不是学生对学校课程的掌握程度，而是成人生活所需的知识和技能，强调学生掌握各领域知识的过程、对概念的理解、在不同情景里应用知识的能力[①]。

根据加德纳的多元智能理论，一个人的智能不仅仅限于语言智能和数理逻辑智能，还包括空间智能、肢体运作智能、音乐智能、人际智能、内省智能和自然智能等共八个方面。将语言智能和数理逻辑智能作为学生评价的唯一内容与标准，是极具片面性的，会让很多孩子失去潜能发挥的机会，自信也会大打折扣。因此，学生评价的内容绝不仅仅只是对所学知识的考查，还要考虑到学生在各个学科和社会性发展方面，更要注重学生在学习过程中所表现出来的综合能力和思维能力，以及情感态度和价值观。

（四）学生评价的方法

评价方法是实施评价的手段，面对不同的评价内容和评价对象，也应使用有针对性的评价方法。传统的学生评价以纸笔测验为主，往往将学生抽象为单一的知识的受体，而忽视了学生全方面发展的潜能。因此，为了更好地衡量学生的发展，应该使用多元化的评价方法。评价方法可以包括质性评价的方法，如非结构观察、档案袋法、访谈法、履历分析、文本分析法等，也可以包括量化评价的方法，如结构观察、测验法、问卷法等[②]。无论是质性的评价方法还是量化的评价方法，其评价的结果应该可以相互印证、相互支撑。

[①] 杨明. 2003 年"国际学生评价计划"：评价目的、评价内容和评价方法 [J]. 课程·教材·教法，2007（06）:93-96.
[②] 张宪冰，朱莉，袁林. 从单一走向多元化——论学生评价方式的转换 [J]. 当代教育科学，2011（24）: 7-9.

二、多元评价的理论与方法

（一）多元评价的研究概述

多元评价的迅速发展与多元智能理论有着密不可分的联系，贝兰卡等人在《多元评价与多元智能》一书中指出：多元智能理论要求通过多元评价法促进学生发展。该书详细解释了多元评价的工具，如教室观察检核表、教师观察笔记、开放式问卷、教师自编在线测验等[1]。熊焱冰指出多元评价体系是通过多元化的评价方式、评价主体、评价工具、评价内容和评价标准对教学过程进行多方位评价的体系[2]。多元评价过程中，将形成性评价与终结性评价相结合，将自我评价和他人评价相结合，还将定量评价与定性评价相结合。多元评价主体指的是教师、学生及学校的教学管理部门都参与评价的过程，培养学生自主学习的能力，激励教师因材施教，提高教学管理水平。多元评价工具指的是在评价中采用的各种手段，如：课堂观察、面谈记录、学习档案、网上学习记录等，使评价获得的结论更真实可靠，从而更好地指导教学，促进学生有效学习，获得全面发展。多元评价内容指评价的内容既包括了对知识的评价，也包含了对能力的评价。而多元评价标准指评价的标准并非只是统一的标准化评价，也包含了针对学生个体的个性化评价[3]。有的研究者认为多元评价又可称为真实性评价，就是让学生在教室里如同在现实生活中各种场所进行学习一样，根据学生在实际情境中的问题解决能力进行评价。

总之，多元评价体系在多元智能理论的基础上提出，具有系统性与复杂性，其最主要的特征是评价主体、评价内容、评价方法、评价范式等的多元化。就多元评价体系中所包含的评价范式而言，综合以往关于评价的研究，

---

[1] 彭勇. 多元评价法在高中信息技术教学中的应用研究 [D]. 济南：山东师范大学，2012.
[2] 熊焱冰. 多元评价体系及其教学应用探析 [J]. 中国成人教育，2010（01）：137-138.
[3] 李荆. 运用评价促进学生发展——多元评价及其应用述评 [J]. 内蒙古师范大学学报（教育科学版），2005（12）：62-64.

本书认为多元评价主要由诊断性评价、发展性评价和过程性评价三种评价范式构成。

（二）诊断性评价

诊断性评价主要是对学生学习水平的测定，通过一定方式发现学生学习中存在的问题，分析这些问题产生的原因，思考如布鲁姆所说的"及时采取什么变革"，从而为改进和调整下一阶段或环节的教学提供依据[①]。李永斌对诊断性评价的内涵、内容及功能予以总结，他指出，诊断性评价也称教学前评价或前置评价，一般是指在某项教学活动开始之前对学生的知识、技能以及情感等进行的预测，也可以理解为对评价对象的基础、现状、存在的优势与不足等作出的鉴定。鉴定包括：学生前一阶段知识储备的数量和质量；学生的性格特征、学习风格、能力倾向及对某一学科的态度；学生对学校学习的态度、学生的身体状况及家庭教育情况等[②]。诊断性评价的优点在于让教师能够对学生有针对性的了解，从而在教学过程中采取相应的措施。

（三）发展性评价

《基础教育课程改革纲要（试行）》明确指出，要"改变课程评价过分强调甄别与选拔的功能，发挥评价促进学生发展、教师提高和改进教学实践的功能"，在实践中逐步构建促进学生发展与教师成长的发展性教育评价体系。正是在这样的大背景下，发展性教育评价的理念应运而生[③]。发展性评价以发挥评价对学生学习与发展的促进作用为根本出发点，在关注共性的基础上通过全面系统的评价促进个体的差异性发展。在发展性评价体系中，要系统考虑学生的情感态度与价值观、创新意识与实践能力、分析与解决问题的能力、

---

① 李伟成. 教学过程中的诊断性评价研究 [J]. 教育导刊，2011（03）：76-79.
② 李永斌. 诊断性评价在初中英语教学中的应用 [J]. 教育测量与评价（理论版），2010（07）：28-31.
③ 董奇，赵德成. 发展性教育评价的理论与实践 [J]. 中国教育学刊，2003（08）：22-25，49.

合作精神与协调能力等方面的指标[①]。构建发展性评价体系是一项极其复杂的工程，需要在评价主体、评价内容、评价方式等多方面都加以变革。强调学生及其家长、教师、学校以及教育主管部门共同参与评价；对学生的评价不仅要注重结果，更要注重发展和变化的过程；评价的内容也应多元化，除了关注学业成就之外，还要重视学生多方面素质和潜能的发展[②]。

（四）过程性评价

高凌飚在对以往关于过程性评价的三种理解分析的基础上，提出过程性评价是对课程实施意义上的学习动机、过程和效果的三位一体的评价，强调对过程的关注，设计多种力图展示学习过程的评价工具，包括质性的、描述的、展示性的评价手段，从而促进过程性评价理念的落实[③]。成长档案袋是过程性评价的重要工具，一般而言，档案袋主要包括三个方面的描述：（1）有目的地收集内容；（2）学生作品和记录；（3）一段时间内的进步。档案袋里的主要内容是学生的成果，包括测验卷、作业、学习心得、反思材料、小组评价、教师建议等[④]。但是档案袋绝不只是装满材料的容器，它要能够系统地反映并监控学生知识、技能与态度的发展[⑤]。

三、随班就读学生教育综合评估的应用

（一）随班就读学生评估的基本理念

对特殊学生最初的评估会涉及两个目的，一是确认学生有特殊教育需要，从而为官方投入额外资源支持他们学习提供依据；二是了解特殊学生的学习

[①] 何云峰.学生评价的转向：基于发展性评价的视角[J].教育理论与实践，2009（09）：15-17.
[②] 董奇，赵德成.发展性教育评价的理论与实践[J].中国教育学刊，2003（08）：22-25，49.
[③] 高凌飚.过程性评价的理念和功能[J].华南师范大学学报（社会科学版），2004（06）：102-106，113-160.
[④] 胡中锋，李群.学生档案袋评价之反思[J].课程·教材·教法，2006（10）：34-40.
[⑤] 黄光扬.正确认识和科学使用档案袋评价方法[J].课程·教材·教法，2003（02）：50-55.

情况,这时评估关注的是学生在教育中某个领域的优缺点,这些信息经常以形成性的方式呈现,从而为个别化教育计划的制订提供基础。最初的诊断性评价是为了促进教与学的过程,应避免为特殊学生贴标签和分类的目的。在进行诊断性评价之时,应该组成多学科小组,包括教师、家长和学生、不同背景专业人员等多元主体。此外,还应不断扩展特殊学生评估的关注点,在学业评价之外,还应包括学生所有的教育体验——情绪行为、社会性发展、同伴关系等。再次,在评估方法上将质性评价方法与量化评价方法相结合,除了传统的测验之外,还可以通过观察、记录、文本分析、访谈等多种质性评价的方式实现。然后,处理好学生评估与 IEP 之间的关系,对学生需要进行评估,并将评估的结果加到 IEP 之中,从而为教学和后期评估提供指导。最后,所有的评估信息都应该情景化,影响学生学习的教育环境或家庭环境因素都应在考虑之列[①]。

（二）随班就读学生评估的现状

随班就读学生评估包括多个方面,如诊断性评价、学业评价、发展性评价等。这些评估都是为随班就读学生制订个别化教育计划的起点,也是衡量随班就读学生发展质量的重要方法。国内一些研究者对我国当前随班就读学生评估的现状进行如下探讨：丁美珍对随班就读学生诊断性评价中存在的问题进行了总结,包括评估的内容过于单薄、评估结果可读性差、评估与教育脱节等。大多数随班就读学校主要采用韦氏智力测验和适应行为评定量表对学生进行智力及适应行为方面的评估,并以此为依据用于随班就读学生的鉴定与安置工作,而关于随班就读学生的心理特点、学习特点、学业能力等方面的评估信息极其缺乏,难以为个别化教育计划的制订提供丰富的依据；智

---

① Watkins, A.（2007）. Assessment in inclusive settings: Key issues for policy and practice. Odense:European Agency for Development in Special Needs Education. https://www.european-agency.org / sites/default/ files/Assessment-EN.pdf

力测试报告和适应能力评定报告中出示的通常是该项目的总分数和一些子项目的分数,很难被未经专业训练的一线教师所理解;评估结果利用到教育教学过程中的途径不健全,评估结果也无法为教学教育提供参考和依据,造成了评估与教育的脱节[1]。

周玲玲从评价工具、评价观念、评价方法和评价标签化等四个方面对当前随班就读学生评估存在的问题进行分析。第一,在诊断性评价工具上,国内进行的测试工具大都是从国外引进且未经修订的,例如韦氏测验、比纳量表等;第二,在评估观念上,当前仍然持有文化成绩是随班就读学生唯一评价标准的看法,这无疑是片面的;第三,在评估方法上,现有的评估方法主要是测验或量表等量化的方式,但若想对学生的能力和水平进行准确衡量的话,必须考虑学生所处的实际学习及生活环境和身心发展水平;第四,评价标签化,评估随班就读学生的目的是为了更好地为之提供适合的教育,而不是为其贴上让学生感到自己是异类的标签[2]。

朱剑平对上海市宝山区随班就读学生教育方案的实施情况进行调查,结果发现在评价上普通学校对这类学生采取单独设计评价内容或标准的方法。就年级而言,初中阶段随班就读学生的教育评价策略倾向于使用与普通学生相同内容但采用不同评价标准的方法;而小学五年级随班就读学生的评价策略倾向于单独设计评价内容与标准。[3] 然而,于素红对上海市随班就读基本情况的调查却有与上述研究不同的发现,即仅有少部分学校为随班就读学生特别制定了评价内容和标准,大多数学校的评价内容、标准与普通学生一样,还有少量学校不对随班就读学生进行学业评价,难以了解学生的发展水平,

---

[1] 丁美珍,刘杰.随班就读学生评估的问题与对策[J].现代特殊教育,2015(03):70-72.
[2] 周玲玲.对随班就读学生评估的现状分析及问题探讨[J].新课程研究(上旬刊),2011(03):96-98.
[3] 朱剑平.上海市宝山区随班就读学生教育方案制定与实施情况调查报告[J].中国特殊教育,2010(08):6-13.

难以评价教师的工作，更难以保障随班就读学生的教育质量[1]。

（三）随班就读学生的诊断性评价

随班就读学生的诊断性评价的目的是为了判断残疾类型及程度，了解环境因素及早期干预情况，分析当下问题，提出可行的干预措施和培养方案，并制订出个别化教育计划。在随班就读学生的鉴定中，智力测验量表是重要的诊断评估工具。韦氏儿童智力量表因其优良的临床效用和心理测量学特性，在智力评价的历史上占有主导的、无与伦比的地位[2]。目前，我区使用的是WISC—Ⅳ，第四版"突破了以往韦氏量表一贯秉承的言语量表和操作量表'两因素结构'，对儿童智力的测量进一步细分到言语理解、知觉推理、工作记忆和加工速度四个更为具体的认知领域。运用WISC—Ⅳ对儿童进行测量，不仅可以得到展现一般智力能力的合成分数（即总智商），还可以得到儿童在言语理解、知觉组织、工作记忆和加工速度四种特殊认知领域展现的智力功能上的更详尽的信息，有多动症、癫痫、学习障碍的被试往往有参差不齐的分量表得分"[3]。

（四）随班就读学生的发展性评价

建立促进学生全面发展的评价体系是新课程改革的必然要求，对随班就读学生的评价应该是多元化、发展性的，包括思想品德、心理素质、学业成绩、缺陷补偿与行为矫正、适应性行为等多方面[4]。卢守萍在其研究中指出，随班就读学生的评价目标应该与教学目标保持一致，主要体现在三个方面：随班就读学生知识掌握的范围，主要是对所教知识理解的程度；在现实生活

---

[1] 于素红.上海市普通学校随班就读工作现状的调查研究[J].中国特殊教育，2011（04）:3-9.

[2] L. G. Weiss, Saklofske D. H., Coalson D. WAIS-IV Clinical Use and Interpretation: Scientist-Practitioner Perspectives [M]. San Diego，CA:Academic Press.

[3] 孔明，黄启兵.WISC—Ⅳ的新变化及其在特殊教育评估中的应用[J].中国特殊教育，2007（06）:28-34.

[4] 蒋丹林.新课程背景下随班就读学生评估体系的构建[J].现代特殊教育，2006（Z1）:66-67.

中运用知识的能力，如生活适应、文字使用和口头表达等能力的发展；个人态度、兴趣和品德行为发生的变化①。由此看出，随班就读学生发展性评价的内容包括了学业发展和社会适应能力的发展。美国智力落后协会（AAMR）2002年对适应能力进行了划分，包括沟通、自我照顾、居家生活、社交技能、使用社区、自我管理、健康与安全、实用性学科、休闲娱乐和工作等十个领域，这为制定发展性评价量表提供了依据。

（五）随班就读学生的过程性评价

随班就读学生过程性评价的功能主要在于反映学生学习的情况，档案袋评价是过程性评价的重要手段。档案袋评价与课程紧密相连，可以让实施融合教育的教师通过让学生参与到融合课程中去，掌握年度目标和标准来衡量他们教学的有效性②。赵德成在其研究中点明了档案袋评价对于特殊学生的重要意义，并从五个方面详细阐述了特殊学生使用档案袋评价的程序与要求，具体包括：明确使用成长档案袋的目的，如展示特殊学生的最佳成果、记录特殊学生的学习过程、评估特殊学生的学习和发展水平等；确定成长档案袋收集的内容，以特殊学生的作品为主，反映特定领域特殊学生的成就与进步；让特殊学生参与创建与使用成长档案袋，增强特殊学生的自主选择和自我决定能力；确定成长档案袋的评分方法；在教学与交流中丰富成长档案袋③。蒋苏建对听力残疾儿童开展成长档案袋评价进行行动研究发现，档案袋评价法要求多元评价主体，评价的目标需要具体明确且有很强的方向性和导向性，评价的内容应该综合化，将认知和综合素质提升的资料相结合④。赵萍经过研究发现，档案袋评价能让学生参与评价，有利于增强学生自我评价、自我反

---

① 卢守萍.多元评价促进随班就读智障学生多元发展[J].现代特殊教育，2013（Z1）:44-45.
② Salend, S. J. (2000). Strategies and Resources to Evaluate the Impact of Inclusion Programs on Students [J]. Intervention In School & Clinic, 35（05）: 264-270.
③ 赵德成，兰继军.成长记录袋在特殊儿童学习评价中的应用[J].中国特殊教育，2007（01）:68-72.
④ 蒋苏建.建立听力残疾儿童成长档案袋的行动研究[J].南京特教学院学报，2008（03）:15-18.

思与自我负责的能力①。

四、海淀区教育综合评估的实践

（一）诊断性评价

目前来说，诊断性评价主要由巡回指导教师操作，主要从认知综合评估、适应能力评估、语言评估以及动作能力评估等几个方面开展。认知综合评估采用的是韦氏儿童测验第四版，在结果的解读中，我们不仅考虑学生的标准分数、百分等级，更注重学生在任务完成中的行为特质以及所需要的支持；适应能力的评估也是如此，关注学校及家长可以提供哪些方面的支持；在语言评估以及动作能力评估方面，我们没有使用标准化工具，语言评估主要遵循一定的评估流程，而动作评估主要依据台湾的全人疗育理论。

（二）发展性评价

发展性评价主要由普通学校教师操作。目前海淀尚没有统一的评价指标，部分已建立资源教室的学校借鉴海淀区培智中心学校（现更名为北京市健翔学校）开发的伟思童评估系统，建立了校本评价指标体系。"十二五"时期，区特教中心开展了随班就读学生多元评价体系的课题研究，从语文、数学和社会适应能力三个方面编制《随班就读学生发展性评价指标体系》，量表编制过程中强调"融合"理念，坚持"普特结合"的原则，兼顾学业发展与社会适应能力的发展。量表的形成经历了长期的研讨过程，在查阅丰富文献的基础之上，建构了《随班就读学生发展性评价指标体系》的三个维度，并在此基础上邀请普通学校优秀的随班就读教师梳理了小学阶段语文和数学1—6年级的核心知识点和学生适应能力发展的题项，作为随班就读学生发展性评价的指标，并形成初步的《随班就读学生发展性评价指标体系》。之后，邀请特

---

① 赵萍. 运用成长档案袋对学困生进行辅导 [J]. 现代教学，2009（Z2）:61-62.

系列丛书

书号	书名	作者	定价
\multicolumn{4}{c}{融合教育}		
*9228	融合学校问题行为解决手册	[美]Beth Aune	30.00
*9318	融合教室问题行为解决手册	[美]Beth Aune	36.00
*9319	日常生活问题行为解决手册		39.00
*9210	资源教室建设方案与课程指导		59.00
*9211	教学相长：特殊教育需要学生与教师的故事	王红霞	39.00
*9212	巡回指导的理论与实践		49.00
9201	你会爱上这个孩子的！：在融合环境中教育孤独症学生（第2版）	[美]Paula Kluth	98.00
*0013	融合教育学校教学与管理	彭霞光、杨希洁、冯雅静	49.00
0542	融合教育中自闭症学生常见问题与对策	"基础教育阶段自闭症学生支持服务体系建设"项目	49.00
9329	融合教育教材教法	吴淑美	59.00
9330	融合教育理论与实践	吴淑美	69.00
9497	孤独症谱系障碍学生课程融合（第2版）	[美]Gary Mesibov	59.00
8338	靠近另类学生：关系驱动型课堂实践	[美]Michael Marlow 等	36.00
*7809	特殊儿童随班就读师资培训用书	华国栋	49.00
8957	给他鲸鱼就好：巧用孤独症学生的兴趣和特长	[美]Paula Kluth	30.00
*0348	学校影子老师简明手册	[新加坡]廖越明 等	39.00
*8548	融合教育背景下特殊教育教师专业化培养	孙颖	88.00
*0078	遇见特殊需要学生：每位教师都应该知道的事	孙颖	49.00
\multicolumn{4}{c}{生活技能}		
*0130	孤独症和相关障碍儿童如厕训练指南（第2版）	[美]Maria Wheeler	49.00
*9463	发展性障碍儿童性教育教案集/配套练习册	[美] Glenn S. Quint 等	71.00
*9464	身体功能障碍儿童性教育教案集/配套练习册	[美] Glenn S. Quint 等	103.00
*0512	孤独症谱系障碍儿童睡眠问题实用指南	[美]Terry Katz 等	59.00
*8987	特殊儿童安全技能发展指南	[美]Freda Briggs	42.00
*8743	智能障碍儿童性教育指南	[美]Terri Couwenhoven	68.00
*0206	迎接我的青春期：发育障碍男孩成长手册	[美]Terri Couwenhoven	29.00
*0205	迎接我的青春期：发育障碍女孩成长手册	[美]Terri Couwenhoven	29.00
*0363	孤独症谱系障碍儿童独立自主行为养成手册（第2版）	[美]Lynn E.McClannahan 等	49.00
\multicolumn{4}{c}{转衔|职场}		
*0462	孤独症谱系障碍者未来安置探寻	肖扬	69.00
*0296	长人成人：孤独症谱系人士转衔指南	[加]Katharina Manassis	59.00
*0528	走进职场：阿斯伯格综合征人士求职和就业指南	[美]Gail Hawkins	69.00
*0299	职场潜规则：孤独症及相关障碍人士职场社交指南	[美]Brenda Smith Myles 等	49.00
*0301	我也可以工作！青少年自信沟通手册	[美]Kirt Manecke	39.00
*0380	了解你，理解我：阿斯伯格青少年和成人社会生活实用指南	[美]Nancy J. Patrick	59.00

书号	书名	作者	定价
	**孤独症入门**		
*0137	孤独症谱系障碍：家长及专业人员指南	[英]Lorna Wing	59.00
*9879	阿斯伯格综合征完全指南	[英]Tony Attwood	78.00
*9081	孤独症和相关沟通障碍儿童治疗与教育	[美]Gary B. Mesibov	49.00
*0157	影子老师实战指南	[日]吉野智富美	49.00
*0014	早期密集训练实战图解	[日]藤坂龙司 等	49.00
*0116	成人安置机构ABA实战指南	[日]村本净司	49.00
*0510	家庭干预实战指南	[日]上村裕章 等	49.00
*0119	孤独症育儿百科：1001个教学养育妙招（第2版）	[美]Ellen Notbohm	88.00
*0107	孤独症孩子希望你知道的十件事（第3版）		49.00
*9202	应用行为分析入门手册（第2版）	[美]Albert J. Kearney	39.00
*0356	应用行为分析和儿童行为管理（第2版）	郭延庆	88.00
	**教养宝典**		
*0149	孤独症儿童关键反应教学法（CPRT）	[美]Aubyn C. Stahmer 等	59.80
*0461	孤独症儿童早期干预准备行为训练指导	朱璟、邓晓蕾等	49.00
9991	做看听说（第2版）：孤独症谱系障碍人士社交和沟通能力	[美]Kathleen Ann Quill 等	98.00
*0511	孤独症谱系障碍儿童关键反应训练掌中宝	[美]Robert Koegel 等	49.00
9852	孤独症儿童行为管理策略及行为治疗课程	[美]Ron Leaf 等	68.00
*0468	孤独症人士社交技能评估与训练课程	[美]Mitchell Taubman 等	68.00
*9496	地板时光：如何帮助孤独症及相关障碍儿童沟通与思考	[美]Stanley I. Greensp 等	68.00
*9348	特殊需要儿童的地板时光：如何促进儿童的智力和情绪发展		69.00
*9964	语言行为方法：如何教育孤独症及相关障碍儿	[美]Mary Barbera 等	49.00
*0419	逆风起航：新手家长养育指南	[美]Mary Barbera	78.00
9678	解决问题行为的视觉策略	[美]Linda A. Hodgdon	68.00
9681	促进沟通技能的视觉策略		59.00
*8607	孤独症儿童早期干预丹佛模式（ESDM）	[美]Sally J.Rogers 等	78.00
*9489	孤独症儿童的行为教学	刘昊	49.00
*8958	孤独症儿童游戏与想象力（第2版）	[美]Pamela Wolfberg	59.00
*0293	孤独症儿童同伴游戏干预指南：以整合性游戏团体模式促进		88.00
9324	功能性行为评估及干预实用手册（第3版）	[美]Robert E. O'Neill 等	49.00
*0170	孤独症谱系障碍儿童视频示范实用指南	[美]Sarah Murray 等	49.00
*0177	孤独症谱系障碍儿童焦虑管理实用指南	[美]Christopher Lynch	49.00
8936	发育障碍儿童诊断与训练指导	[日]柚木馥、白崎研司	28.00
*0005	结构化教学的应用	于丹	69.00
*0402	孤独症及注意障碍人士执行功能提高手册	[美]Adel Najdowski	48.00
*0167	功能分析应用指南：从业人员培训指导手册	[美]James T. Chok 等	68.00
9203	行为导图：改善孤独症谱系或相关障碍人士行为的视觉支持	[美]Amy Buie 等	28.00

殊教育与融合教育领域内著名专家学者对《随班就读学生发展性评价指标体系（初稿）》进行检视，对不合逻辑或者表述不清晰的题项进行筛除，从而确保了该量表的内容效度，形成了《随班就读学生发展性评价指标体系（实验稿）》。2016年底，教育部发布了三类特殊教育学校课程标准，区域开发的发展性指标体系需要进一步调整，具体应用效果有待后续的进一步检验。

（三）过程性评价

成长档案袋是随班就读学生过程性评价的重要手段，重视积累随班就读学生的日常表现，并从中总结出随班就读学生的发展情况，作为评价随班就读学生表现的重要依据。以成长档案袋作为手段的过程性评价反映了学生全面发展的评价观。传统的纸笔测验只重视学生在一个阶段结束之后的学业成绩，而完全忽视学生在学习过程中的综合表现，例如情感表达、沟通能力、学习动机、学习能力等多个方面。在现阶段，成长档案袋建立目的如下：1.确保随班就读学生在班级中的参与度；2.保障随班就读学生补救性教学的实施与效果；3.注重随班就读潜能的发展。在明确随班就读学生成长档案袋的目的之后，就应该明确成长档案袋应该包括的内容，以及采用何种标准对档案袋的材料进行评价和分类。根据成长档案袋建立的目的，成长档案袋包含的项目如下：个别化教育计划、测验试卷、教师评语、课上任务单、家校联系记录、获奖证书、学生日记、抽离式教学的内容及记录、反映学生特长发展的相关资料（绘画、手工作品、音乐、朗诵、体育等）、其他资料。教师定期考察随班就读学生的成长档案袋，例如一个月为一个周期，将随班就读学生的档案袋内容按照不同主题进行分类，然后可以发现随班就读学生在哪个方面有优势和潜力，在哪个方面比较薄弱，据此可以跟随班就读学生本人以及家长进行沟通，也可以申请特教中心的支持，从而更好地促进随班就读学生的发展。

第二节 筛查评估的案例分析

一、认知能力综合评估

（一）评估示例

当学校上报学生情况之后，根据巡回指导工作流程，巡回指导教师需下校通过观察和访谈了解学生的在校表现，从而为后续的评估提供基础信息。

李××为区域内某小学的在校学生，他的情况由学校上报，经中心巡回指导教师进行课堂观察和访谈之后，对他进行了韦氏智力评估。以下为李××的评估报告。

扩展阅读材料一：认知能力评估报告

学校：××小学　　学生姓名：李××　　　　性别：男

出生日期：×××　　测试日期：2013年10月30日　实际年龄：×岁×月×天

测试结果：

言语理解	知觉推理	工作记忆	加工速度	总智商
96	104	97	71	90

初步诊断：智力水平处于正常范围。

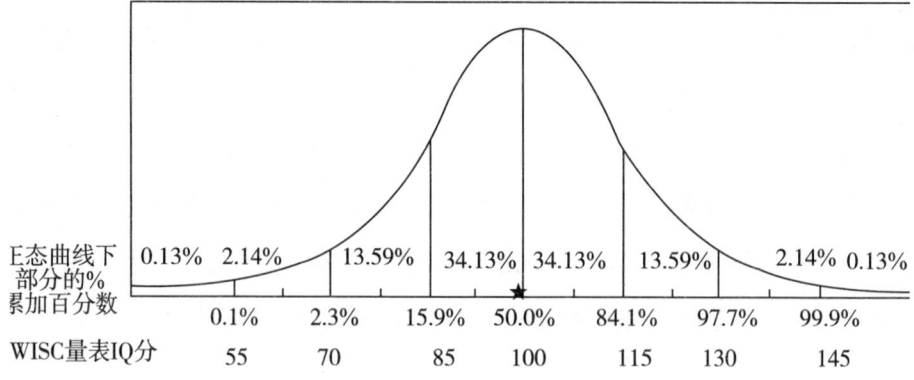

注：★所处位置为李××目前智力水平在同龄儿童智力水平分布中的位置。

韦氏智力量表第四版中文版测验结果具体分析：

测验指数	项目	分数	同龄儿童一般水平	分析
言语理解	理解	5	10	由言语理解指数推测他的言语理解能力高于39%的同龄儿童。理解指数是为测量言语推理和概念形成而设计的。李××在各个分测验上的表现有差异，能力发展不均衡，类同能力超过了同龄儿童一般水平，词汇能力接近同龄儿童一般水平，理解能力明显低于同龄儿童一般水平。
言语理解	类同	13	10	
言语理解	词汇	9	10	
言语理解	常识	7	10	
知觉推理	积木	11	10	由知觉推理指数推测他的非言语推理能力发展有差异，积木和矩阵推理分测验能够达到同龄儿童一般水平，但是图画概念和填图能力略低于同龄儿童一般水平，知觉推理总体能力高于61%的同龄儿童水平。知觉推理指数设计是为了通过评估非语言性的概念形成、视知觉和组织、同时性加工、视觉—运动协调、学习任务等方面，测量在知觉领域中的流体推理能力。
知觉推理	图画概念	9	10	
知觉推理	矩阵推理	12	10	
知觉推理	填图	8	10	
工作记忆	字母数字	10	10	在持久注意、集中性和对自己的内部控制方面发展趋于同龄儿童平均水平，只是算术能力发展得相对弱一些，他在工作记忆领域的表现高于42%的同龄儿童。
工作记忆	背数	9	10	
工作记忆	算术	7	10	
加工速度	译码	9	10	加工速度方面的表现不如言语理解、知觉推理和工作记忆，仅高于3%的同龄儿童。视觉材料加工快是一种能力，是在完成任务时能够在内心对简单的或日常信息进行加工而不出错的一个指标。加工速度方面的弱点可能使理解信息的工作花费更多的时间，出现更多的困难，也就是在简单视觉扫描与追踪上的弱项会减少他在复杂任务中理解材料的时间和心理能量。符号检索和划消是他的弱项，明显低于同龄儿童一般水平。
加工速度	符号检索	1	10	
加工速度	划消	4	10	

总结：

　　李××完成了韦氏儿童智力量表第四版中文版的 10 个核心分测验和 4 个补充分测验，并从测试结果中导出了他的合成分数。总智商来自 10 个核心分测验的量表分数总和，是对总体智力功能的最具有代表性的估计，李××的总智商为 90。根据总智商，李××的知觉推理指数达到了同龄儿童的水平，言语理解指数、工作记忆指数略低于同龄儿童水平，加工速度指数明显低于同龄儿童水平。所以，李××的一般能力（99）接近于同龄儿童水平，认知效率（81）处于同龄儿童平均水平以下。

（二）评估分析

　　采用韦氏儿童智力测验第四版对李××的评估，重点在于分析李的强势与弱势，并将他的能力与同龄儿童做比较，从而为后续的个案研讨会做准备。

扩展阅读材料二：李XX个案研讨会记录要点

研讨时间：2013 年 11 月 11 日下午 2:30-5:00

参与人员：××小学张书记、德育李主任、班主任、大队辅导员李老师、李××父母、特教中心王主任、张老师

研讨会记录：

　　李××妈妈：同学家长向李××爸爸反映，其他孩子与李××一起玩，小组会被扣分。每天接孩子都是最后一个走，目的是想向老师了解孩子一天的表现。最近经常看孩子上操和上体育课的情况，认为孩子散养没有老师管理。孩子每天放学回家写 2-3 小时的作业，写完后家长会奖励孩子，带他出去玩。

　　张书记：班主任是北京市紫禁杯优秀班主任之一，本班有 42 名学生，还要教两个班的语文课，还要做大量的班级工作，老师压力很大。这学期接手这个班，因为频繁地处理李××的问题，班主任因此心脏病发作，被送往医

院抢救。

家长：孩子体育课没有人管，处于散养状态。认为孩子被其他同学欺负，在家教育孩子，如果被欺负，自己解决，在逆境中成长。

班主任：孩子很聪明，能重视学习，与他人交流缺乏方法，经常有矛盾，有时有攻击行为出现，具体表现有：无故撞人、打挡路的同学，从前往后打每位同学的头，用作业本打同学的脸，把一位同学的东西放到另一位同学的桌上，引起矛盾，推倒看他的同学，认为别人不能看他。另外还有一些其他的行为问题：课上随便发出声音（说话、跺脚、敲桌子），影响课堂秩序，把水瓶里的水倒在卷子上，拿着卷子到处晒，蹲在地上或椅子上看漫画书。

张书记：最近处理了几件事：1. 李××告状有同学打他，原因是中午吃饭他乱跑，同学去找他，他向同学吐口水，拿泡沫打同学才引发的矛盾；2. 李××告状有同学打他，原因是他捡到一件校服，没有及时交还同学，抢校服打到同学，从而发生矛盾；3. 与同学发生矛盾告到我这里，是他先招惹同学，老师问他矛盾发生的原因，他说不知道。

家长：孩子是急脾气，喜欢招惹同学。

播放李××在校行为表现的录像：排队、上操、课间操前。

张书记：今天的会是帮老师、帮家长、帮孩子解决问题，请的专家已经进入课堂观察过孩子，也进行了科学的专业测试。

王主任：孩子的行为比较过激，多动症倾向比较严重，注意力非常不集中（上课不能坚持5分钟，不能按指令活动）。智力处于正常偏下，动作不协调，不会与人交往，情绪控制差，脾气急，常规意识差，语言表达能力差。

家长：孩子近2岁才会说话，1岁会走路，精细动作发育慢，脐疝。一年级时曾在三院做过多动症筛查，也去儿童医院看过，开了很多的药，没有吃完就扔了。

　　王主任：家长管教过严会造成他到校放松，不服管，家长要跟他讲道理，教给孩子处理问题的方法。建议对他进行进一步的评估（多动、注意力）。他的本体感差，可以给他做一些训练，做动作方面的测试，做操也是一种动作训练。教师和家长一起制定一个作息时间表，让他按项完成。

　　张书记：孩子的表象为任性、没有控制力，教师的管理程度不好拿捏；孩子的本质是有多动症，在小学能够控制住，为了让孩子到中学有一个良好的发展，缩短孩子与其他孩子发展的距离，拿出一些时间给孩子做一些训练，否则会给家庭带来负担。家长要耐心，要真诚与老师沟通，共同教育好孩子。

　　会上达成的一致意见：1.发现孩子身上的优点，及时表扬鼓励；2.下午在特教中心进行密集训练；3.巡回指导教师进入班级进行指导；4.放学后，家长练习让孩子复述学校的事情；5.中午回家吃午饭。

　　评估报告的内容根据学生的情况会有细微的差异，对于认知能力较好、行为问题较多的学生，我们通常在评估报告中不呈现分数，只呈现百分等级和学生任务过程中的行为表现；对于已有残疾证、已做过医学检测的学生，报告的重点在于任务完成情况以及最后的教育及康复建议；当家长对学生认知情况的评价与学校之间存在较大差异的时候，评估报告中会呈现得分，同时也会建议家长再去做医学鉴定。

二、适应行为评估

扩展阅读材料三：儿童适应行为评定分析

学　校：××附中		学生姓名：马××		性　别：女		
出生日期：2000.12.31		测试日期：2015.11.12		实际年龄：14岁10个月11天		
评估结果	适应行为能力的发展水平高于70%的同龄儿童，处于中等水平。					
评估结果分析						
评估指数	与同龄儿童相比所占百分等级	项目	分数	同龄儿童一般水平	目前水平	分　析
概念技能	77	沟通	13	10	显著高于平均水平	1. 学习功能是她的强项，自我管理是她的弱项； 2. 自我管理能力稍弱，缺乏自我控制能力。
概念技能	77	学习功能	14	10	显著高于平均水平	
概念技能	77	自我管理	9	10	略低于平均水平	
社会技能	75	休闲	13	10	显著高于平均水平	1. 初步具备社交技能，能够较好地进行人际交往； 2. 能够参与休闲活动，在活动中具有规则意识。
社会技能	75	社交	11	10	略高于平均水平	
实用技能	58	社区应用	13	10	显著高于平均水平	1. 社区应用是她的强项，居家生活是她的弱项； 2. 自理能力较好，能够简单自我照顾； 3. 居家生活能力相对稍弱一些。
实用技能	58	居家生活	9	10	略低于平均水平	
实用技能	58	健康安全	10	10	达到平均水平	
实用技能	58	自我照顾	10	10	达到平均水平	
建议	1. 在日常生活中加强自我管理能力的培养。 2. 学习居家生活技能。					

对于随班就读学生来说，适应行为是学校及家庭需要关注的重点，适应行为直接关系到学生的班级融合、学校融合以及将来的社会融合。

三、语言评估

语言评估目前没有使用标准化工具，主要遵循一定的评估流程，了解基本信息，进行家长访谈了解家族史、基本发育情况以及以往的教育康复史，在此基础上进行语言评估，撰写评估报告，并明确给出家庭及机构训练的建议。

扩展阅读材料四：张 XX 言语评估报告

基本信息

姓名：张 XX　　　　性别：男　　　　出生日期：XXX

评估时间：2016 年 3 月 11 日　　　评估地点：西三楼语言室

评估人：言语治疗师（特教中心聘请）　　报告撰写人：王秀琴

家长访谈信息

家族史：无。

基本发育情况：一岁时发现与其他孩子在运动及游戏方面存在差异，当时也有出现类似于妈妈的音，一岁到三岁之间语言发展处于停滞状态，除"mama"之外没有其他音出来，三岁开始说话。（妈妈述）

既往教育康复史

目前在普通小学随班就读，每周在培智学校接受 PT 和 ST 康复课程，其中 ST 每周一小时，已坚持两年多。

评估表现

个案一开始评估时有点紧张、焦虑，多次强调"我听不懂""我不会说"，在评估中，他的注意力维持时间较短，需要主试给予较多的语言或视觉提示。

评估主要分为三个部分：图片活动、说故事和脸部动作（口腔检查），个案在这三个部分的评估表现总结如下：

1. 词汇方面：在情景下，两个音节的词汇发音 80% 能够被他人理解。

2. 句子方面：句子长度较短，最长六七个字，且出现的长句句型单一，如"我不会说英语"。主动造句方面有困难，即使在主试帮助下，他也不能很好地造句，如在说故事部分，一开始要求他自己说一个句子，后来降低难度，根据三张卡片说句子，他说出的只是词语，如"女孩、扔球、跑步"，后主试提示女孩衣服的颜色、鞋子的颜色、头发长不长，他都能回答这些问题，让把这些问题连起来说一个故事，并给出了示范，他还是没能说出完整的句子。

3. 对话方面：在对话中，个案说出的内容 60%—70% 能够被他人理解。

总体来说，个案在构音、嗓音以及语言方面都表现出问题。构音方面，塞音和边音发音有歪曲，如 t/d/l，舌尖音不准，如 z/c/s/zh/ch/sh；嗓音方面，声音较为粗糙，有喘息音；语言方面，语言表达和语言理解能力比同龄人差。另外，舌部控制差，舌部活动不灵敏，舌的上抬需要下唇的支撑；气息控制能力弱，长元音发音的时间短；口腔协调能力差，"pataka""aiu"的轮替不顺畅、转换有困难。

干预策略与建议

家庭干预建议

在练习前，为缓解他的高肌张力，可以进行几秒钟的深压放松，如按压头部、肩膀等动作。

1. 舌控制练习：将蘸有蜂蜜或者花生酱的勺子放置于个案嘴前，让个案用舌头推勺子，同时家长要给予勺子一定的力度。每天 5 分钟。

2. 上抬舌的练习（有助于发 z/c/s 的音）：将食物如海苔放置在上齿背，让个案用舌去舔食物。每天 5 分钟。

3. 气息控制练习：吸气，然后呼气，缓慢呼出，家长可以数数的方式予以提醒，从 1 数到 10，数到 10 的时候刚好完全呼出；进行一些吹的练习，如吹纸青蛙、吹沙画等活动。每天练习 5 分钟。

4. 构音训练：利用镜子让个案发音时看到自己的唇舌位置，示范发音，让个案对着镜子重复 3 次练习，每天坚持练习 30 个字词的发音。

康复训练课程建议

1. 在康复训练课程中，每次 1 小时的课上，可以 15 分钟进行嗓音训练、15 分钟进行语言训练、30 分钟进行构音训练。在嗓音训练方面，可以进行紧张度的练习，如通过升调或者降调的方式数数；在语言训练方面，可以采取说故事的方式；在构音方面，每次练习的音不要过多，可集中在 2 个音上。

2. 开展气息训练，方法同家庭训练内容，在掌握很好之后，可以加入声音增加难度。

其他建议

1. 对于个案来说，可以采用奖励机制激发动机，调动其参与的积极性。在康复训练中，加入视觉提示信息，如制作停止标志或者绿色、红色的提示牌，绿色表示他的音与其他人没有区别，红色表示他的音过高，及时反馈，让他意识到自己的音与他人的音的区别，从而进行自我调整。

2. 建议进行作业治疗方面的评估和康复训练。个案在评估中表现出手部颤抖，同时不能很好地控制精细动作，在写字的时候下笔很重，纸张被划破，在拍球或者击掌的时候力度很大，这些都反映出他的精细动作控制能力差。

对于不同年龄段的学生，语言评估的侧重点不同。对于低龄学生来说，我们的评估较为关注构音及口腔功能；对于年龄较大的学生来说，我们更为侧重的是语言的沟通与应用能力。至于以什么年龄作为分界线，需要教师有根据学生表现进行灵活评估的专业技能。

第三章 巡回指导的个案指导

第一节 个案指导的理论基础

个案指导是巡回指导过程中的重要一环,所采用的形式为巡回指导教师直接对特殊学生进行康复训练,以提高其在认知能力、社会性技能、行为管理、运动能力等方面的发展水平。个案指导遵循了"渐进式"融合模式[1],特殊学生大部分时间在普通班级接受教育,部分时间在特殊教育中心接受专业教师为其提供的个别化康复训练,主要包括生活适应、动作训练、注意力训练、语言训练、社会技能训练以及绘画和音乐等课程。因此,康复训练是个案指导的主要形式,以教育康复为主要理论基础。

一、教育康复概述

"康复"一词源自英文"rehabilitation",意指恢复到原来的良好状态。"康复"被引入特殊教育与医疗模式的残疾观密不可分,即人们将残疾看作是医学问题,残疾是一种缺陷,残疾人是低能的;其次,残疾问题是个人问题,即个人应该对其自身的残疾负责,与社会无关。与之相对应,社会应对残疾问题的方式也主要是采取医疗康复的方式[2]。1969年,世界卫生组织(WHO)

---

[1] 王红霞. 融合教育巡回指导模式探索——基于北京市海淀区的实践[J]. 现代特殊教育,2016(17):16-18.

[2] 汪海萍. 以社会模式的残疾观推进智障人士的社会融合[J]. 中国特殊教育,2006(09):6-10.

医疗康复专家为"康复"下的定义为：为综合、协调地应用医学的、社会的、教育的、职业的措施，对患者进行训练和再训练，使其活动能力达到尽可能高的水平。尽管这里也提出了综合运用多种措施，但仍旧将康复的对象界定为"患者"，未能跳出医疗模式的框架。随着社会的发展，人们对残疾认识的加深，医疗模式的残疾观受到了多方批评，社会模式的残疾观应运而生。在该模式下，人们认识到残疾实则是一种功能限制，是由于社会环境存在的种种障碍所导致的，残疾源于社会的分化与分层，是社会不公平现象在特定社会群体身上的复制[1]。依据这一模式，社会应对残疾问题的方式主要是提供支持。相应地，"康复"的概念也随之发生转变。1993年，联合国颁发的《残疾人机会均等标准规则》指出，"康复"指残疾人达到和保持生理、感官、智力、精神和社交功能上最佳水平的过程，他们可以借助某种手段，改变生活，增强自立能力。这一时期的康复将教育康复、职业康复和社区康复置于重要地位，体现了全面康复的思想。

朴永馨（2015）指出，教育康复是残疾儿童全面康复的基本途径，通过教育与训练的手段，提高残疾者的素质和能力。这些能力包括智力、日常生活的操作能力、职业技能以及适应社会的心理能力等方面[2]。教育康复以教育学、康复学和心理学为理论基础。教育的本质在于培养人，其内在逻辑为培养什么样的人，怎样培养人和谁来培养人[3]；康复则关注的是对缺陷的补偿，对功能的实现，通过康复让残疾儿童达到和保持良好状态，适应现实生活；心理学则为教育康复提供了具体训练措施的依据，例如注意力训练、行为干预等方面。教育与康复相结合充分发挥了教育与康复的优势作用，同时借鉴心理学的基本原理，为促进个案指导提供了良好的理论基础。

---

[1] 邓猛, 卢茜. 医教结合：特殊教育中似热实冷话题之冷思考 [J]. 中国特殊教育, 2012 (01): 4-8.
[2] 朴永馨. 特殊教育辞典（第三版）[M]. 北京：华夏出版社, 2015.
[3] 杨兆山. 教育学原理 [M]. 长春：东北师范大学出版社, 2010: 6.

二、融合教育背景下教育康复的意义

融合教育发端自西方的"回归主流""一体化"运动，强调残疾儿童有权接受平等的、高质量的教育，已然成为全球特殊教育发展的主流趋势。我国1994年出台了《关于开展残疾儿童少年随班就读工作的试行办法》，随班就读成为残疾儿童少年进入普通学校的基本方式。随班就读是西方融合教育形式与我国特殊教育实际的结合，是实用主义的融合教育模式[①]。尽管随班就读在我国已经开展多年，但大都处于原地踏步的状态，特殊学生跟随普通班级的节奏，很难获得符合其发展需要的教育，因此，随班就坐和随班混读成为经常现象。为此，如何让特殊学生获得个别化、高质量的教育成为当前研究与实践关注的焦点问题。其中一个重要的突破口是在逐渐改变普通班级环境的条件下，让特殊学生少部分时间参加个别化的教育康复训练，由专业教师提供学生所需要的认知、社会性技能或动作技能等诸多方面的训练。具体而言，教育康复训练具有以下几方面的意义。

首先，融合教育背景下的教育康复有利于提升学生的各项能力。融合教育的服务对象已经由传统的三类残疾（听力残疾、视力残疾、智力残疾）扩展为包括孤独症、注意力缺陷多动障碍、学习障碍、脑瘫等特殊教育需要学生。其中，孤独症学生存在广泛的发育障碍，主要体现为社交障碍和刻板行为，在沟通、互动以及行为等方面都会存在问题[②]。智力残疾学生由于其智力发育迟缓，往往在认知能力方面显著落后于同龄学生。针对各类特殊教育需要学生的发展障碍及需要，提供个别化的教育康复训练有利于提升他们在认知、言语沟通、情绪行为管理、社会交往、生活自理、运动与健康等方面的

[①] 邓猛，朱志勇. 随班就读与融合教育——中西方特殊教育模式的比较 [J]. 华中师范大学学报（人文社会科学版），2007（04）:125-129.

[②] 邓乾辉. 自闭症儿童教育康复的探析 [J]. 中国校外教育（理论），2008（05）:141.

能力[1][2][3]。例如，通过注意力训练提升个案学生的注意力水平；通过社会故事创造真实的社会生活情境，让学生了解社会生活规则，进而培养其社交技能；通过动作训练提升学生在精细动作与大运动方面的能力，这是日常生活的基本能力。

其次，融合教育背景下的教育康复有利于增强学生的学习能力。教育康复训练侧重以教育的方式对学生进行辅导与支持，同样安排固定的时间、专门的教室，由专业教师进行教学。在教学过程中，教师在进行个别化训练的同时，还关注学生在情绪行为、表达沟通等方面的表现，并进行有意识地培养。此外，专业训练有利于增强学生的思维、注意力、记忆、问题解决等方面的能力，让学生了解基本的学习策略，这些都为学生学习能力的提高奠定了重要基础，从而让学生更好地融入普通班级。

最后，融合教育背景下的教育康复有利于提高学生的生活质量。残疾学生是一个完整的个体，其在日常学习生活中也同样会接触普通学生所经历的事件，无论是日常生活自理，还是旅行购物；无论是处理家务，还是参与活动，都应享有同样的机会。通过专业的教育康复训练，学生在各方面的综合能力得以提升，更易享受社会的各种资源，生活质量随之提高，并且为未来进入社会做好准备。

三、融合教育背景下教育康复的方法

融合教育背景下的教育康复与普通学校的教学活动是相对独立的，一般在特殊教育中心或特殊教育中心转介的专业机构内进行。所采用的教育康复的方法充分结合了教育和康复的优势，吸取心理学原理，同时弥补了医疗康复的不足与单纯教育的局限。具体而言，主要包括以下方法。

---

[1] 李林.教育康复对学龄脑瘫儿童认知能力的影响初探[J].中国康复理论与实践，2010（10）：999-1000.
[2] 姚聪燕.音乐治疗在智障儿童教育康复中的作用[J].中国特殊教育，2007（05）：19-23.
[3] 高川.早期教育康复对智力落后儿童生活自理能力的影响[J].绥化学院学报，2013（01）：131-134.

引导式教育，是一种集体的、游戏式的综合康复方法。教师通过引导将信息输入到学生大脑，促进其神经系统功能的完善，逐渐形成功能性的动作与运动，适用于脑性运动功能障碍的学生。在引导式教育中，教师要求学生做对称活动、抓握与放开、伸直手肘、中心控制与转移等动作，这些动作都在教师的带领下以游戏的形式，同时让学生用语言叙述伴随动作节拍来完成。引导式教育将物理治疗、作业治疗、语言治疗等专业康复训练与教育教学方法相结合，运用到对学生的康复训练中，体现了全面康复的理念[1]。

感觉统合训练，主要针对感统失调的情况，即感觉系统之间、感觉系统与运动系统之间信息的不协调，表现为视觉异常、动作异常、触觉敏感、胆小害怕等方面。残疾学生大都伴有感觉统合失调，所以感觉统合训练便十分必要。感觉统合训练的实施需要在大脑高级功能区的调控下进行，需要个体多种感觉器官、运动器官共同参与。感觉统合训练分为四个领域，即触觉功能训练、前庭觉功能训练、本体感觉功能训练和综合训练[2]，例如球池游戏、滚筒式"时光隧道"、跳床、平衡台平躺游戏、垫上运动等具体形式[3]。感觉统合训练多用于注意力缺陷多动障碍儿童、孤独症儿童、智力残疾儿童和伴有情绪行为问题的儿童[4]。

认知训练，指的是针对各类特殊学生的认知发展需求，通过完整的活动设计，有目的、有计划、有组织地对特殊儿童注意力、观察力、记忆力、想象力、逻辑思维能力等认知能力进行干预的过程，其目的在于全面提高特殊学生的综合认知水平。认知训练通常采用游戏的形式，从而激发学生的参与兴趣，引导学生积极发现问题与解决问题[5]。相应地，认知训练通常包括注意力训练、观察力训练、记忆力训练、思维能力训练等诸多方面。

---

[1] 吴卫红，张雁.脑瘫儿童的教育康复[J].中国康复理论与实践，2003（04）:21-23.
[2] 张众宜.多动症儿童感觉统合训练家庭辅助设备的设计研究[D].北京：北京理工大学，2015.
[3] 汤盛钦.特殊儿童康复与训练[M].大连：辽宁师范大学出版社，2002：136-139.
[4] 张挚，李赫南，翟宏.我国儿童感觉统合训练及其研究[J].教育探索，2008（04）:12-13.
[5] 张茂林，杜晓新.特殊儿童认知训练[M].南京：南京师范大学出版社，2015：12.

社会性技能训练。社会性技能是残疾学生融入普通学校和最终融合于社会的重要能力。以往研究表明，社会技能训练有利于缩小残疾学生与普通学生社会性技能之间的差距[1]。常用的社会技能训练方法包括社会故事法、社会学习法等方面。其中，社会故事法是对孤独症学生常用的干预方法，有利于提高学生对社会情景和社会行为规则的理解，从而提升学生的社会性技能[2]。社会学习法主要让学生通过模仿对社会技能进行学习，包括真实示范和象征示范两种方法，前者是在自然情景下向真实榜样学习社会行为，后者指借助录像、电影等媒介让学生进行观察学习[3]。

言语训练，主要针对学生构音障碍、口吃和言语发育障碍等方面的问题进行的干预和训练。对于构音障碍的训练包括对构音器官的操练、相似声音辨别训练、辅助音与替代音教学。对口吃的干预重点在于将言语矫正和心理辅导相结合，心理辅导旨在让学生克服言语恐惧、自卑，培养良好的情感和意志品质；还可以教学生学会慢速说话，使用无声言语法。言语发育障碍是由于中枢神经发育迟缓所致，表现为言语起步较晚，发展速度慢，言语理解和表达存在困难，即感受性言语障碍和表达性言语障碍。因此，言语训练的重点在于提升儿童的言语理解与表达能力。首先，可通过认知活动丰富学生的词语储备；其次，创造学生表达的情景，让学生在交往中练习句式，例如使用游戏、动作演示等方式[4]。

四、融合教育背景下教育康复的支持体系

融合教育背景下对特殊学生进行教育康复需要得到来自政府、特教中心、

---

[1] 张福娟.智力落后儿童适应行为发展特点的研究[J].心理科学，2002（02）:170-172,253-254.
[2] 李晓，尤娜，丁月增.社会故事法在儿童自闭症干预中的应用研究述评[J].中国特殊教育，2010（02）:42-47.
[3] 邱洁.中重度智力障碍儿童社会技能训练架构探索及干预研究[D].上海：华东师范大学，2011.
[4] 汤盛钦.特殊儿童康复与训练[M].大连：辽宁师范大学出版社，2002：141-155.

学校、家庭、专业机构多主体在政策保障、专业指导、环境创设、情感投入、专业技术等多方面的支持，这些要素构成了相互联系、相互配合的教育康复支持体系。政府对于融合教育背景下特殊学生教育康复的政策及财政支持是确保康复训练得以良好发展的基础保障；特教中心作为专业的融合教育指导部门，在对特殊学生教育康复中既承担直接指导的职能，又扮演专业引领的角色，在一定程度上决定着特殊学生接受康复训练的内容和发展方向；普通学校是融合教育背景下特殊学生成长的重要基地，其融合环境及师生对特殊学生的态度对于强化和支持特殊学生康复训练起到关键作用；家庭是特殊学生的心灵港湾，父母对孩子的情感呵护，以及对专业教师所提供的康复训练的配合在很大程度上对教育康复训练的效果产生直接影响；专业机构拥有专业的师资和设备，并在特殊学生康复训练方面有丰富的经验，构成了教育康复支持体系中的重要一环。

第二节　个案指导之渐进式融合案例

在融合教育中，伴有情绪问题的孤独症儿童是最让普通学校师生头疼的。他们在听指令、情绪控制、语言理解、生活自理、活动参与、适应环境等方面给教师和同学带来了一系列的问题。面对他们，我们应该如何为他们提供融合教育呢？本节以一个初中孤独症学生为例，介绍个案指导的渐进式融合模式。

一、个案介绍

某中学期中考试现场，一个女生突然大喊大叫，打破了考场的宁静。当老师试图说服她离开教室时，遭到了这位女生的强烈反对，并且情绪更加失控。最后，为了不影响大家正常考试，只好将其他同学转移到其他的考场。

倩倩（化名），女，12岁，初一学生，2岁多被诊断为孤独症谱系障碍。面对初中新环境，她经常出现怪异的情绪与行为问题：1. 大声说话与喊叫，感到愤怒、焦虑，要求得不到满足时喜欢大喊英语"bad""minus"，或者叫喊"今天不是星期六"等奇怪语言；2. 课堂上喜欢用课桌不断挤前面的同学；3. 不知道如何正确地发起社交；4. 几乎没有正视教师的主动行为；5. 书包、课桌凌乱，不具备整理能力；6. 独来独往，几乎没有同伴互动行为。

二、全面评估

1. 走进课堂，开始筛查的第一步

筛查评估是展开巡回指导的前提与基础，是了解学生教育现状的重要环节。课堂参与情况、情绪行为表现、同伴互动情况等等成为主要观察内容。前三周，巡回指导教师跟随学生并观察记录。教师采用自编的学校观察记录表，观察学生出现问题行为的前因、过程和教师处理结果。

表1 个案观察记录表

姓名		性别		班级		时间	
地点		观察者		科目		有无学伴	
授课教师		有无陪读					
观察过程	情绪行为表现	出现情境	原因分析	处理结果			
				采取措施	结果	建议	

2. 访谈家长、教师，深入了解学生

通过访谈，了解到倩倩的生长发育史、家庭教养态度与方式、学校教育环境、教师同伴态度等信息，这些是进行初步筛查的重要参考资料。

身为高级知识分子的父母虽然在倩倩2岁多的时候认识到她跟其他孩子有差异，但是苦于不了解相关的专业知识，不了解教育及康复服务机构，所以一直没有采取相关训练。小学时，父母对倩倩的教育一度停留在学业成绩上，通过陪读、家长的反复补课，倩倩可以跟上学校的课程。但是到了中学后，学业难度明显加大，对抽象思维要求更高，倩倩因听不懂课引发了一系列情绪行为问题。

班主任是一位非常有爱心、有责任感的教师，为了稳定倩倩的情绪行为，班主任采取在教室办公的形式，陪伴着全班同学一起上课。但班主任也一直困惑，不知道融合教育环境是否适合倩倩的成长。

3. 教育和心理评估

针对倩倩的认知、适应性以及动作能力的情况，我们选取韦氏儿童智力量表、适应性行为评估量表、全人疗育动作评估对其进行了综合的评估，并为其撰写了具有指导性的评估报告。根据倩倩的三个评估结果的综合考虑，我们为其制订了个别化教育计划，并设计了渐进式融合的安置方式。

三、渐进式融合

（一）第一阶段

第一阶段采取的是半天特教中心康复训练，半天在学校采取一对一抽离式教学的安置形式。这一阶段的目标是初步学会接受指令、建立规则。在特教中心，倩倩接受了情绪调整、表达、阅读、注意力、箱庭等课程训练。在学校中则进行非语数英课程的一对一教学。

表 2 第一阶段课程表

课时\星期	星期一	星期二	星期三	星期四	星期五
第一节	康复中心 创作课	康复中心 表达课	康复中心 情绪调整课	康复中心 创作课	康复中心 阅读课
第二节	康复中心 表达课	康复中心 箱庭课	康复中心 瑜伽课	康复中心 情绪调整课	康复中心 情绪调整课
第三节	康复中心 注意力课	康复中心 箱庭课	康复中心 瑜伽课	康复中心 表达课	康复中心 注意力课
中午	午餐午休	午餐午休	午餐午休	午餐午休	午餐午休
第五节	美术 一对一	音乐 一对一	政治 一对一	历史 一对一	劳技 一对一
第六节	生物 一对一	体育 一对一	科学 一对一	书法 一对一	地理 一对一

（二）第二阶段

第二阶段的安置形式是特教中心与班级融合相结合的方式。每周二和周四上午在特教中心接受康复训练，针对倩倩开设了运动、情绪调整和社会故事课程，帮助她加强体育锻炼与身体协调、学习如何认识情绪与调整情绪、如何正确处理生活与社会中基本事件。其他时间在普通学校学习，其中语文、数学、英语课采取一对一个别化抽离式教学，学习内容以倩倩可接受的知识为主，同时加强基础能力及常规意识的培养，如：起立问好、举手回答问题、等待、不随意插话等等；其他课程则尝试班级融合，与同班同学一起学习。

表 3 第二阶段课程表

课时\星期	星期一	星期二	星期三	星期四	星期五
第一节	数学 一对一	康复中心 运动课	数学 一对一	康复中心 运动课	体育
第二节	英语 一对一	康复中心 情绪调整课	地理	康复中心 情绪调整课	语文 一对一

续表

课时\星期	星期一	星期二	星期三	星期四	星期五
第三节	地理	康复中心社会故事课	英语一对一	康复中心社会故事课	数学一对一
中午	语文一对一	无	体育	无	英语一对一
第五节	学校午餐	学校午餐	学校午餐	学校午餐	学校午餐
第六节	体育	历史	思品	音乐	科学
第七节	信息	活动	生物	班会	

（三）第三阶段

第三阶段则脱离特教中心，完全在普通学校学习，其中语文、数学、英语科目依旧在资源教室接受一对一教学，其余课程跟随班级上课。为了加强倩倩体育锻炼，帮助倩倩音乐优势的潜能发展，每周多给倩倩安排了体育课和音乐课。体育课与同年级其他班级一起上课，音乐课则为一对一专业辅导。在第三阶段，特教中心以现场指导的方式开展巡回指导，频率为每周一天。巡回指导教师将观察与指导学生的一日学习生活情况，针对倩倩的情绪行为问题进行现场干预、指导倩倩陪读教师科学陪读的方法、与任课教师协商个别化教学策略以及与家长沟通家庭教养态度与方式。

表4　第三阶段课程表

课时\星期	星期一	星期二	星期三	星期四	星期五
第一节	英语	数学	数学	书法	体育
第二节	数学	语文	英语	英语	语文
第三节	体育	英语	体育	音乐	数学
第四节	信息技术	地理	生物	历史	体育
中午	午餐午休	午餐午休	午餐午休	午餐午休	午餐午休

续表

课时\星期	星期一	星期二	星期三	星期四	星期五
第五节	语文	生物	思品	音乐	英语
第六节	体育	物理	体育	数学	地理
第七节	美术	历史	劳动技术	班会	

巡回指导教师深入到倩倩的课堂、升旗仪式、课间操及午休等学校的全部生活之中，认真、细致地观察她在学校生活中的表现，课下与任课教师及班主任一起分析她这些行为背后的原因。如地理课上她为什么会突然跑到讲台抱一抱老师；数学课上她为什么会用英语喊"bad"；体育课上她为什么不喜欢跑步，用哭闹的形式要求老师陪她在操场上走一走；语文课上当老师在讲读课文时她为什么会趴在桌子上睡觉；当老师因为没有讲完课而晚下课两分钟时，她为什么会表现出异常的烦躁，叫喊着冲出教室；课间的时候她为什么总是拿着笔和纸让同学在上面写音标……找到了问题的原因，巡回指导教师与任课教师及陪读教师一起制定干预措施，用音标作为强化物，她在课堂上安静、做笔记、读课文了，课下就会表扬她，并在她的小本子上写下她喜欢的音标。各个任课教师会根据她的认知程度布置适合的作业，并适当减少对她一些刻板行为的关注，班级环境也更为包容，倩倩与同伴的互动也渐渐地多起来，课间时能看到倩倩与同学分享她最喜欢的涂色迷宫。

四、家长工作

每一个孤独症儿童的融合之路都可谓曲折漫长。在倩倩融合之路上也有"刀光剑影"，家长联名要求学校将倩倩移出班级。为了缓解家长的情绪，我们与学校一起召开了家长会。家长会当天，班级其他学生的家长们目标明确，细数倩倩在课堂上、班级里种种"怪异"的行为和不良的情绪表现，极力要求倩倩转学或者到其他班级上课，强烈的排斥情绪充斥着整个会议室，令人烦闷而不安。面对这样的气氛，倩倩的父母很是无助，含泪介绍了倩倩的成长经历。面对这么紧张的情况，我们从介绍孤独症儿童的特点入手，以专业的眼光解读孤独症儿童的各种行为表现：他反应迟钝，可能是感知觉发展迟缓；他对视觉信息敏感，对听到的东西需要一定时间的接收、理解和反应；他听而不闻，可能是他听到了你的声音，但是他不知道怎么去应答或者反应；他突然大喊大叫，可能是他突然听到了某种不喜欢的声音，可能是他突然想到了某个情境，可能是肚子饿了，可能是想去厕所，可能是想要表达什么，可能是换了陌生的环境他不喜欢；他情绪躁动不安，可能是父母吵架影响到了他的情绪，可能是身体不舒服不知道怎么表达；他阅读时会不知所措，可能是他的书面语言理解有障碍，一行行的字迹在他的眼里是模糊一片的，他根本分不清每个字，如果换一种呈现方式，如讲给他听，这样的方式才是他最容易接受的。听完我们的介绍，在座的家长们才知道原来孤独症儿童"怪异行为"的背后有那么多的"可能性"，这一系列的解释和回答，让每个家长、教师及领导都恍然大悟，孤独症儿童原来是如此的"不同"。

五、个案变化

经过三个阶段的渐进式融合的巡回指导，倩倩如今大多能遵守班级常规，如课堂、集会保持安静，按顺序盛饭等；大多能参与集体活动，但活动中的部分内容会拒绝参加，如害怕枪声、火炬，不想爬山，不想跑步等；沟通方面也有改善，能较好地与他人沟通，能明白教师的指令与要求，通过协商后能完成教师要求；社交技能较以前更好，能主动发起对话，能主动寻求帮助，能主动表达自己需求；整体上情绪控制有好转，但偶尔还是会出现无法自控的情况，通常是由身体不适和愿望无法满足导致；事后，能够自我反省；书面表达能力明显增强，能通过书面写作的形式恰当表达自己的想法、需求与当前的情绪状态。

2016年3月26日,我们在颐和园举办了"包容·融合·成长"世界孤独症日主题宣传活动,倩倩与班里的女同学们共同演唱了《明天会更好》。倩倩正逐渐地与同学、班级和学校融合,我们相信她会越来越好。

第三节　康复训练案例

自2012年特教中心开始进行系统的筛查评估工作以来,巡回指导教师就开始逐步进行康复训练的实践探索。最初的时候以案例的形式开展,发展至今,每学期巡回指导教师进行直接康复训练的学生人数在30人左右。本节以案例的形式完整呈现巡回指导教师对一个学生所开展的康复训练实践及取得的效果。

2014年12月初,L妈妈与区特教中心联系,寻求专业的特殊教育支持。应家长的要求,特教中心巡回指导教师于2014年12月15日对L进行了评估,评估采用韦氏智力测验(第四版)和适应行为评定量表(家长版)。根据测评结果出具了教育安置的建议,L在特教中心接受了为期半年的半天直接式康复训练。

一、评估阶段

(一)基本信息

L,男,2002年11月出生,普通小学六年级学生。

(二)评估工具

采用韦氏智力测验(中文第四版)和适应行为评定量表(家长版),其中韦氏智力测验由特教中心的巡回指导教师施测,适应行为评定量表由L妈妈填写。特教中心的巡回指导教师参加了评估工具主试资格的培训,取得了韦氏智力测验中文第四版的主试资格。

（三）评估结果

韦氏智力测验：言语理解能力低于同龄儿童平均水平，仅高于5%的同龄儿童；理解指数是为了测量言语推理和概念形成设计的，L在各个分测验上的表现比较均衡。知觉推理能力好于言语理解能力，由知觉推理指数测量他的非言语推理能力接近同龄儿童的平均水平，高于39%的同龄儿童；知觉推理指数的设计是为了通过评估非语言性的概念形成、视知觉和组织、同时性加工、视觉—运动协调、学习任务来测量在知觉领域中的流体推理能力。L在视觉空间推理与知觉组织技能的发展水平不均衡，其中积木是他的强项，在持久注意、集中性和对自己的内部控制方面低于同龄儿童的一般水平。他在工作记忆领域的表现高于8%的同龄儿童，工作记忆能力不如他的知觉推理能力。在加工速度方面的表现高于18%的同龄儿童，不如他的知觉推理能力。

韦氏测评后的建议：加强加工速度方面的训练，能在规定时间内完成任务；加强日常生活经验的积累，进行语言理解与表达训练；加强听觉记忆和视觉记忆的训练；加强大运动训练。

适应行为评定：9项分测验均处于落后水平，得分均低于2个标准差；实际适应能力水平小于6岁。

动作评估：左右脚稳定半跪姿站立起不能完成；交替半跪及正确抬手、倒数10—1不能完成；扶地蹲姿做不到也不能正确地蹲走；四点爬姿交替抬脚、手及倒数10—1不能完成。在上课时，经常问都要上什么课，要做什么，安全感差，情绪紧张，说话声音低，不敢和老师对视，自我认识不够，平衡和协调能力差，需要老师不断提醒才能完成动作学习。

二、干预阶段

（一）计划的制定

在测评的基础上提出教育建议，建议 L 半天在普通学校融合，半天在特教中心接受康复训练，训练项目有：PC 课（计算机辅助课）、动作训练、生活适应、注意力训练、语言训练、绘画和音乐。课程安排如下：

表 1　L 的康复课程表

节次	时间	周一	周二	周三	周四
1	14:00–14:30	注意力	生活适应	动作课	音乐
2	14:40–15:10	语言	生活适应	动作课	音乐
3	15:20–15:50	绘画	PC 项目	语言	社会故事

（二）干预的具体内容

PC 课：依据乐高立体图形造型软件，用积木搭建软件中的模型；依据分类图片给例图配对；依据分类图片编故事；依据计算机软件进行体感活动。

动作训练：交替半跪、站在小凳子上的蹲起，蹲在凳子上双手抓住凳子动作保持，伏趴在楔形垫双手支撑，利用楔形垫双腿屈曲下的仰卧起坐，双脚加沙袋跪走。

生活适应课：超市购物、菜市场购物、家庭急救常识、常见病的防治、电源的安全使用、如何点餐。

注意力训练：从图中找物品、走迷宫、找不同、拼图、5 张图片记忆、正反复述数字、轨道球、猜小球、托乒乓球。

语言训练：朗读、读故事、话题讨论、自我介绍等。

社会故事：以阅读为切入点，采用精读和泛读的方式阅读故事，开展主题对话、表演、模仿等活动进行人际互动的练习。

绘画：画瓜果蔬菜、花鸟翎毛线描、着色等内容。

音乐：学习钢琴、手风琴、架子鼓。

三、效果评价

2015年6月中旬，特教中心再次对L进行了评估，既有常模参照的韦氏测验和适应行为评定（适应行为量表依然还是由L妈妈填写），也采取了课程本位的评估。结果如下：

（一）韦氏测验各任务表现的变化

韦氏智力测验第四版（WISC—IV）以认知心理学为基础，其中言语理解分量表接近既往所认识的言语智商，而知觉推理接近于既往所认识的非言语智商。而WISC—IV中更突出个体的认知效率，反映个体在接收、加工、处理信息的效率，包含了工作记忆和加工效率两个主要测量维度。

由表2可知，L在言语理解、知觉推理和工作记忆三个指标上均有不同程度的提高。经过进一步对比发现，前测时L只有积木一项在平均水平之上，后测时积木、图画概念和划消三项都在平均水平之上。

表2 两次韦氏测验量表分数对比

	前测（2014年12月）		后测（2015年6月）	
	合成分数	百分等级	合成分数	百分等级
言语理解指数	76	5	78	7
知觉推理指数	96	39	112	79
工作记忆指数	79	8	91	27
加工速度指数	86	18	79	8

（二）适应能力水平

由表 3 可知，后测时，L 在 9 个分量表上的得分均有不同程度的提高。进一步分析前后测的数据，由表 4 可知，L 前后测得分之间差异很大，其中一般适应综合前测时分数为 14，百分等级小于 0.1，后测时分数为 84，百分等级为 39；概念技能前测时分数为 7，百分等级为 0.2，后测时分数为 26，百分等级为 30；社会技能和实用技能前测分数的百分等级均小于 0.1，后测时提升为 45。

表 3　两次社会适应能力分量表得分比较

	前测（2014 年 12 月）	后测（2015 年 6 月）
沟　通	32	55
社区应用	14	50
学习功能	29	57
居家生活	12	51
健康与安全	20	69
休　闲	26	65
自我照顾	32	68
自我管理	14	53
社　交	8	53

表 4　两次适应能力测验分数对比

	前测（2014 年 12 月）		后测（2015 年 6 月）	
	量表分数	百分等级	量表分数	百分等级
一般适应综合	14	< 0.1	84	39
概念技能	7	0.2	26	30
社会技能	3	< 0.1	19	45
实用技能	4	< 0.1	39	45

在前测中，L 适应能力实际水平小于 6 岁，在后测中，九个分量表的年

龄等值都有提升，其中，沟通相当于 7 ~ 7 岁 3 个月，社区应用相当于 9 ~ 9 岁 3 个月，学习功能相当于 9 ~ 9 岁 3 个月，居家生活相当于 10 ~ 10 岁 3 个月，健康与安全相当于 17 ~ 17 岁 11 个月，休闲相当于 17 ~ 17 岁 11 个月，自我照顾相当于 11 ~ 11 岁 3 个月，自我管理相当于 7 岁 8 个月 ~ 7 岁 11 个月，社交相当于 6 岁 4 个月 ~ 6 岁 7 个月。适应能力水平有极其显著的提升。

（三）课程本位评测

为了了解 L 每个项目的具体表现，巡回教师访谈了负责康复项目的教师。

通过 PC 项目的训练，L 手眼协调、视动能力有一定进步，观察模型的速度、搭建积木的速度加快，搭建积木很少出现错误和反复的动作；较少依赖软件进行分步的搭建，只需通过观察立体图形模型进行搭建来完成作品。进行配对项目时，配对的速度加快了；根据配对图片与教师主动进行互动次数增加。编故事时教师的辅助逐渐减少，能够构想比较复杂的故事。

动作训练课，能左右脚稳定半跪姿站立起；能交替半跪及正确抬手、倒数 10—1；能蹲姿 5 秒；能双脚着地蹲走 10 步；四点爬姿交替抬脚、手，正数 1—10。动作控制能力有显著提升。

生活适应课，会根据家庭需求列出购物清单，能按照商品陈列区域选购商品，会看保质期，会找赎计算；能安静走路、不跑跳；养成了使用文明用语的习惯，行为举止常态化；会根据家庭所需选择蔬菜量，引导下能挑选质量好的蔬菜；能认识各种外伤药品，知道如何使用，知道如何止血，知道处理伤口的步骤；知道感冒症状，能说出预防措施，知道肠炎的症状，能说出预防措施，在叙述时有条理。

注意力训练课，搜寻专注度及速度提高了，找不同的准确性提高，手的稳定性及手眼协调性提高；课堂上有效注意的时间明显增加；掌握了观察的方法，能够关注事物的细节，学习内容的完成质量和速度都有所提高；手部控制能力增强，手眼协调性提高。

语言训练课，词汇量增加；在与他人交流时，眼神逃避现象逐渐减少；表达的热情比最初有所增加；编故事的能力有所提高；可做到有感情地朗读。

社会故事课，小组中表现积极，上课之前抢着摆放桌椅，并把老师的椅子也摆放好；课前与同学玩游戏，享受游戏的快乐。主题对话中，积极发起话题，并能对同学的话题进行部分回应；在话题讨论中初步掌握话题发起的技巧，对他人讲述的内容有简单的回应。

四、讨论与反思

（一）关于干预效果的评价

对 L 的测评使用的是韦氏智力测验（第四版）和适应行为评定量表（家长版），对于评量结果的解释，我们更为关注的是 L 在测验各任务上的具体表现而非智力商数或适应行为得分。

在前期评估中，通过对测量中 L 的表现的分析从而给予相应的建议。如通过韦氏测验，我们发现 L "言语理解能力低于同龄儿童平均水平，仅高于 5% 的同龄儿童"，于是给出"加强日常生活经验的积累，进行语言理解与表达训练"的建议，并在后续的课程安排中加入了"语言"和"社会故事"两个训练项目；通过适应行为的测评，认识到 L 适应能力薄弱，从而在课程安排中加入了"沟通""生活适应"训练项目。

通过后期效果的评价，我们可以看到 L 各项得分有较为明显的提升（仅韦氏测验的加工速度方面有所降低），尤其是适应能力各方面有极其显著的提升。不能将 L 的进步完全归于训练，但也不能否认康复训练发挥的重要作用。

同时，在对教师的访谈中，我们进一步证实 L 的动作控制能力有提升，语言表达能力和同伴互动技能有提高，提升了购物、疾病预防及药品使用方面的知识储备和技能。这些都直接影响到 L 适应能力的方方面面。

（二）基于多元评价的干预效果显著

在诊断性评估的基础上，我们为 L 制定了干预的方案。对于 L，我们采取的是半天直接式干预，这种干预形式有两个突出的优势：专业的师资力量，巡回指导教师在特殊教育康复方面经验丰富，能够根据学生的特点提供个别化的康复训练；系统的课程安排，半天的干预形式既能够保证学生在普通学校的融合时间，也能够有效地保证康复训练时间，可以进行系统的课程设置。对于干预的效果，我们既采用了标准化的诊断工具，也结合了对家长的访谈，同时也采用了课程本位性质的评价，评价的主体既有巡回指导教师、家长，也有其他康复训练教师。在多元评价基础上的干预对于 L 来说是成功的，L 有明显的进步，尤其是社会适应能力方面。

第四章　巡回指导的课堂教学指导

第一节　随班就读课堂教学策略探究

2013年，北京市出台《关于进一步加强随班就读工作的意见》，其中明确提出"随班就读教学执行普通学校课程方案和课程标准，学校可以根据随班就读学生的实际情况，在保证教育质量的前提下，对其教学内容和教学要求作适度调整。教育教学中充分考虑随班就读学生的特殊教育需要，在座次安排、集体活动、教学具准备、助学伙伴配备等方面加以关注和落实"。《北京市残疾儿童少年随班就读工作管理办法（试行）》进一步明确"对于智力无障碍的视力残疾、听力残疾和肢体残疾等学生在教学中原则上不得降低标准和要求，应加强有针对性的教学方式、方法和康复教育支持服务；对于智力有障碍的随班就读学生，学校可根据实际认知水平，对教学内容和教学要求作适度调整，但也要体现发展性要求。"

对于随班就读学生来说，班级学习占据了学校学习时间的大部分，在课堂教学中，教师如何在面向全体的同时兼顾个体，势必要进行课程与教学的调整。在我们的实践以及调研中都发现，教师能够接纳随班就读学生，也愿意对随班就读学生予以"照顾"，但是落实到课堂教学策略层面困难重重，一方面源于目前我们对于随班就读学生的评价指标体系尚未建立，教师们不知道他们应该学到什么程度；一方面源于教师对学生的了解不足，缺乏基于评估的目标设计。在这种背景下，特教中心应该给予教师什么样的指导？我们认为在这个方面需要分步进行，首先需要了解教师已经在使用的策略有哪些，让这些策略为更多的教师所了解，然后再进一步指导教师进行教学与课程调整。

2014年5月，海淀区特教中心组织随班就读评优课活动，本次活动一共观摩了14节随班就读课（详见表1），以这14节课为例，通过课堂观摩以及文本分析探究随班就读课堂教学的策略与方法，从而了解目前教师所使用的课堂教学策略，发现哪些好的策略可以推广，哪些不好的策略可以避免。

表1 海淀区2014年随班就读评优课一览

序号	学科	课题	随班就读学生障碍类型
1	数学	面积	轻度智力障碍
2	数学	"重复"的奥秘	轻度智力障碍
3	语文	修鞋的姑娘	中度智力障碍
4	语文	古诗二首	轻度智力障碍
5	语文	和时间赛跑	重度听力障碍
6	英语	Weekend	轻度智力障碍（2人）
7	语文	海上的日出	脑瘫
8	英语	My Family	轻度智力障碍
9	英语	A Great Trip	视力障碍
10	数学	一元二次方程	精神障碍
11	语文	黔之驴	轻度智力障碍
12	语文	松鼠	听障、智障（2人）
13	语文	黔之驴	听力障碍
14	数学	随机事件	智力障碍（2人）

一、教学目标调整策略 [1]

在对随班就读学生目标的设定上,目标要具体。如要求随班就读学生"培养书写能力,努力矫正其写字的姿势,争取把字写端正",目标过于宽泛,也难以一节课达成。在对目标进行调整时,一种是"减法",可以从不同方面进行"减法"运算。如在《黔之驴》一课中,要求普通学生"在理解文言重点词句的基础上把握虎的心理变化过程",要求随班就读学生"能掌握积累重点文言词语 3—5 个",这是数量上的减法;数学课《随机事件》中要求普通学生"理解并能区分必然事件、不可能事件、随机事件",对于随班就读学生只要求理解,不作区分,这是理解程度上的减法。另一种是"加法"。如英语课"My Family"要求普通学生"认读 9 个家庭成员的词汇",对随班就读学生的目标则是"通过个别辅导、同伴互助,能够借助图片认读 9 个家庭成员的词汇",同样的要求加上了支持策略。更多的时候,教学目标的设定需要加减混合运算。如"My Family"一课,要求普通学生"运用 3-5 句话介绍自己的家庭成员",对于随班就读学生"运用句子 This is……介绍自己的家庭成员"。

二、过程性关注策略

随班就读教师经常使用的策略是小组合作教学、伙伴学习、课后辅导等[2]。在 14 节评优课中,教学过程通常采用如下几种策略为随班就读学生提供支持。

(一)助学伙伴

14 节课中,教师都为随班就读学生安排了助学伙伴,助学伙伴的安排有

---

[1] 此引用部分均来自 14 节课的教学活动设计。
[2] 王秀琴. 随班就读课堂教学策略探究——以北京市海淀区随班就读评优课为例 [J]. 现代特殊教育, 2016(11):73-74.

三种类型：联排式（并排挨着坐）、簇拥式（四人及以上学生一组，随班就读学生是小组中的一员，边上的同学都是其助学伙伴）、纵深式（前后桌）。助学伙伴发挥了如下作用：1.适时的提醒，在课堂环节转换的时候给予随班就读学生必要的提醒；2.学习上的帮助，在必要的时候帮助随班就读学生理解，如读题时对于重点词汇的强调、朗读时对生字读音的提示、对教师提出问题的复述等；3.展示中的协助，在小组汇报过程中作主要内容的阐述，或者对随班就读学生汇报内容作重点补充。

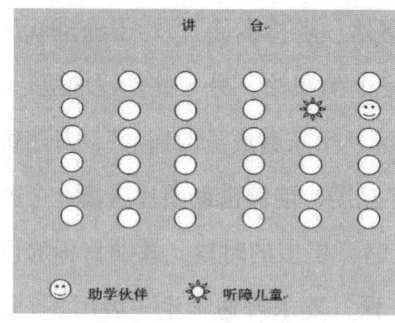

"联排式"座位安排图例①

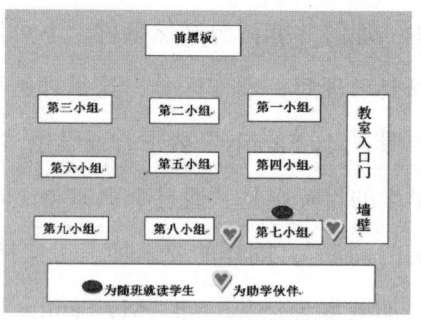

"簇拥式"座位安排图例②

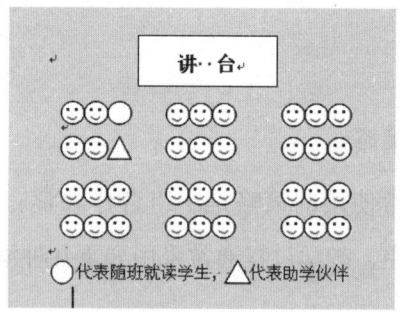

"纵深式"座位安排图例

（二）教学具的准备

在课堂教学中，教具、学具的合理使用能够有效提高教与学的实效性。

---

① 图示摘自魏春燕老师活动设计。
② 图示摘自李晓辉老师教学活动设计。

14节课上，所有教师都使用了多媒体，11节课教师准备了教学具。教学具的使用有如下几种情况：1.提供无差异的学具，通过学具的操作理解教学内容，如在学习《面积》时提供了学具袋，让学生通过操作学具来比较图形面积的大小；2.差异性的练习，检测学生对于教学内容的掌握情况，如英语课"A Great Trip"，课上每个学生都有一份作业单"My Trip"，要求普通学生填空："On my vacation, I went to _____ with _____."；对于随班就读学生只需要完成表格的填写，在表格里面填上"name"（姓名）"place"（地点）和"activities"（活动），不要求掌握完整的句子。

（三）提问与展示

14节课上，教师都提问了随班就读学生。在问题的设计上，教师采取了如下几种策略：1.通过复述降低难度。如在读英语单词的时候，采取"开火车"的方式，随班就读学生跟在其他学生后面读；2.明确问题的指向性，降低难度，避免开放性的问题。如在英语及语文课上，教师让学生读课文或单词，要求很明确，随班就读学生能够完成。

在问题设计时，问题难度的设置需考虑学生的障碍类型。如《黔之驴》课上，教师要求智障随班就读学生用自己的话讲故事，这要求学生有较强的语言概括能力，学生没能完成任务；而在《松鼠》课上，教师要求听障随班就读学生比较一下两种文体的差异，学生说出了要点。在提问的频次上，需有合适的尺度。14位教师中，8位教师对随班就读学生课堂提问次数在1-3次，3位教师没有提问随班就读学生，3位教师课堂提问超过了6次。如一节英语课，班上随班就读学生有两名，其中一人被提问10次，另一人被提问7次；一节语文课，7次让随班就读学生朗读课文，其中有一次长达2分钟。对随班就读学生过度的关注，势必减少其他学生课上的机会。在提问的时间上，要做到顺应和自然，顺应课堂的问题生成，随班就读学生主动要求回答问题时可给予机会。

展示与提问可以相结合，回答问题也是一种展示的机会。除提问外，也可设计专门的展示环节，可展示随班就读学生的作业单和作品，也可展示小组的共同成果。如《松鼠》课上，小组共同制作"松鼠"邮票，随班就读学生的任务是在黑板上粘邮票，小组其他成员负责介绍邮票的含义。

（四）个别指导

对于随班就读教师来说，"面向整体、照顾差异"一直是个较大的挑战。在新课程改革的理念之下，课堂教学中对小组合作探究学习及读写结合训练的重视程度提高。课上，教师们根据课程内容，相应地会设置小组讨论环节及写作环节，这些环节正是个别指导的最佳时间，教师可运用这个时间段去追踪随班就读学生的学习状态及内容掌握情况。

三、学习效果评价策略

在活动设计时，有4名教师采取测试的方法，通过试题了解学生课堂掌握情况；有2名教师采取明确的过程性评价方式，用"小贴画"奖励学生好的课堂表现；有2名教师没有考虑评价方式。随班就读课堂教学学习效果评价需要采取多元的方式，做到"三结合"：过程性评价与结果性评价相结合，师评、生生互评与自评相结合，观察与测验相结合。问题的回答情况及练习的完成情况都是显性的评价角度，教师还需关注到学生的课堂参与度、注意力及行为表现等。

四、反思

（一）什么样的课才是一节随班就读好课？

首先，这应该是一节好的普通课。普通学生通过这节课有收获，在课堂上有生成，教学目标能达成，教师的思路应该很清晰。其次，对于随班就读学生来说，教师要准确地设定目标并能提供足够的资源辅助随班就读学生达成教学目标。这些资源包括助学伙伴的提供、学习单的设计、课堂上的关注

（个别指导、回答问题以及课堂展示）。

（二）随班就读课堂教学策略

14节课上，学生的障碍类型多样：智障、视障、听障、脑瘫等。随班就读课堂教学策略需根据学生的障碍类型、教学内容及教学环节等灵活把握，不同组合方式取得的效果也不尽相同。一节好的随班就读课就是教师在恰当的时机采取了恰当的方法，一点不多也一点不少，这也是随班就读课堂教学的艺术性所在。随班就读教师如何才能掌握"度"和"量"呢？比较有效的方法是针对课堂教学实例，逐个环节解构，然后再去实践、评价和反思。

（三）学业发展与社会适应

随班就读早期"不是出自一种理性设计的政策，而是受制于教育条件的做法"[1]，是"我国作为发展中国家，在经济文化还不够发达的情况下发展特殊教育的一种实用的、也是无可奈何的选择"[2]。发展至今，随班就读不仅仅是入学率"量"上的考虑，更加关注"质"的要求，这就涉及对随班就读学生的评价。目前，关于随班就读的标准以及学生所要达到的水平依然没有定论。此次随班就读评优课活动，评价的标准更为侧重学业发展。对随班就读学生来说，这种评价是否合适？尤其是对于智力有损伤的学生，学业发展与社会适应孰轻孰重？课堂教学与课外教育，哪一个更为重要？这些问题都有待进一步探讨。

第二节 课堂教学活动设计示例[3]

本节分步介绍课堂教学活动设计怎么书写，同时以一节随班就读课堂教

---

[1] 赵小红. 试论中国全面推进随班就读工作的必要性 [J]. 中国特殊教育，2011（11）:4-10.

[2] D.M., F.P.-M.K. Inclusive education in China: Conceptualization and Realization[J]. Asia-Pacific Journal of Education, 2004, 24（02）:143-157.

[3] 示例内容选自学院路小学梁瑞娟老师的课堂教学设计，部分有改动。

学活动设计为例,具体呈现活动设计各部分书写的内容。

一、随班就读学生情况分析

随班就读学生情况分析是课程教学活动设计的基础,其中有学生的基本信息,还有对学生目前学习情况的分析。其中学情分析要与本节课的内容相关,分析学生本节课内容的前期基础能力如何。

表 1　随班就读学生情况分析

随班就读学生情况分析									
学生姓名	××	年龄	9	性别	男	残疾类别	智力障碍	残疾程度	轻度
学习情况分析	基础知识: 1. 英语基础知识薄弱,能按字母表中的顺序认读 26 个英文字母并且能够认读部分简单的单词; 2. 能够朗读简短的词汇和语句; 3. 能够在教师和助学伙伴的帮助下,借助图片读懂简短的英文故事,能参与英语学习。 基本技能: 1. 听:能够听懂简单的单词发音,难以抓住听力材料中的重点关键词; 2. 说:词汇量有限,能够说出简单的词汇和短句; 3. 读:单词的朗读和拼读较弱,需要助学伙伴带读; 4. 写:26 个字母的书写及单词抄写基本准确。 学习态度与习惯: 1. 缺乏主动学习习惯,惰性较强; 2. 学习态度积极,喜欢参加小组活动; 3. 家长文化水平有限,无法提供任何辅导。 学科学习的特殊需要:短时间内识记单词有较大困难,需要反复识记才能掌握。								

二、活动设计的指导思想与理论依据

对于随班就读课堂教学来说,普通学校课程标准是主要的指导思想,2016 年底教育部颁布的三类特殊教育学校课程标准也是主要的指导思想。在理论依据部分,教师们常引用的是差异教学论、多元智能理论,另外根据活动设计的具体内容，情境教学、建构主义理论、应用行为分析等也都可以作为活动设计的理论依据。

表 2　教学活动设计之指导思想与理论依据

指导思想与理论依据
《英语课程标准》的课程基本理念中指出：教学应该"面向全体学生，关注语言学习者的不同特点和个体差异"。首先在教学设计上要体现"面向全体，兼顾差异"。因此，本节课的教学设计，我根据普通学生和随班就读学生的具体情况，设计了不同层次的教学目标和重难点，以提升所有学生的综合语言运用的能力为目的，既全层关注，又尊重差异。 　　"差异教学论"指出："立足于学生个性的差异，满足学生的不同学习需要，以促进每个学生在原有基础上得到充分发展。"因此，教师在课堂上给不同层次的学生创设展示的机会，多鼓励、勤表扬。课下布置趣味性强的分层作业激发学生学习英语的兴趣，体验成功的快乐。 　　"多元智能理论"指出，每个人的智力倾向都是有所不同的，并且每种智能都是彼此互补、统整运作的。在本课的设计中我加强了对多元智能理论的深入应用。通过"听说读写"多种渠道，借助多媒体课件调动学生多种感官学习，教师创设情境，开展趣味性强的课堂游戏活动，让学生体验参与，尝试在较真实的语境中用英语做事情，提高全体学生综合运用语言的能力。

三、教学背景分析

教学背景分析主要由学习内容分析和学情分析两个部分组成，其中学习内容分析具体要分析本节课的内容及与该学科前后教学之间的联系，学情分析重点在于分析教学对象的特点、学生目前的知识与能力储备、随班就读学生的学习特点与偏好等。

表3　教学活动设计之教学背景分析

教学背景分析

学习内容分析

三—四年级是语言学习的过渡阶段。这一阶段学生的英语学习任务是：进一步发展听、说的技能和增加读、写的技能。

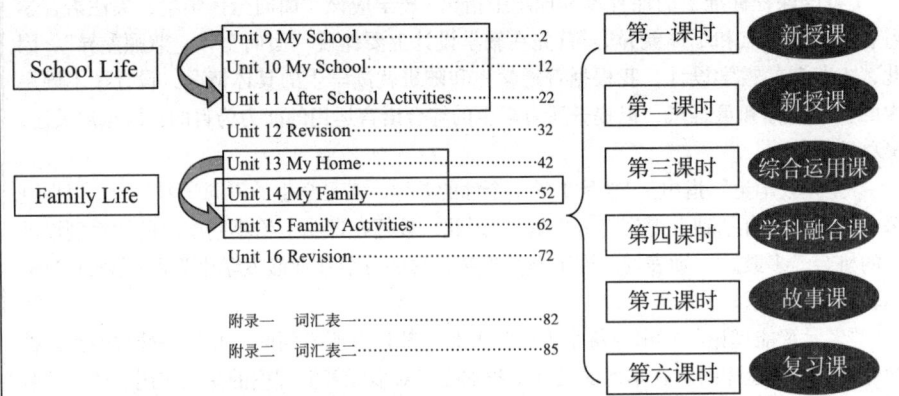

新起点英语三年级下册教材内容围绕两大话题 School Life, Family Life 展开，本单元是话题 Family Life 的第二个单元，在 13 单元 My Home 的学习过程中，学生已经掌握了和房间相关的词汇和句型。

本课是 Unit 14 My Family 单元的第一课时，它是词汇新授课。本课是在较真实的语言情境中，通过"听说读写"多种渠道，促进学生综合语言运用能力的发展。

本课内容在单元中起到了奠基的作用，本课要学习表达家庭成员的词汇，同时还要学习用几句话来介绍自己的家庭成员。

A 项活动呈现了 Jane 一家的生活场景图，有关家庭成员的 9 个词和形容人物的 6 个词，学生通过视觉感知有关家庭成员的单词拼写形式，学生在理解的基础上听音标号。目的是通过语言的输入，培养学生的观察理解能力。难点是听力材料内容多，句子较长，学生理解会有困难。

B 项活动是一个语言交流活动。学生要模仿范例来进行介绍。目的是将语言和实际生活结合起来，培养学生的口头表达能力和交际能力。难点是要熟练运用"There are ＿＿ in my family"" This is ..."句型进行表达。

C 项活动是一个写的活动。要求学生根据自己家庭成员的情况填写句子中所缺的部分。目的是对学生书写习惯和技巧进行训练。

总体而言，ABC 三大板块的设计兼顾了语言的输入和输出，活动安排由易到难、循序渐进、层次清晰、联系紧密。

续表

教学背景分析

学情分析

  1. 教学对象：三年级 2 班 28 名学生

  本班学生个性活泼，学习英语的积极性很高，学生喜欢灵活多样、趣味性较强的活动。北京市户口学生共 5 人，占全班人数的 17%；外来务工子弟有 23 人，占全班人数的 83%。班里学生的英语水平参差不齐：全班有 7 人参加校外英语班，他们的英语表达能力有优势，接受新知识比较快；全班有 8 人英语学习存在困难，他们的英语基础知识薄弱，需要教师的进一步帮助，在思维创新能力和语言的灵活运用能力上有待提升。针对学生的不同层次，教师要设计不同层次的教学活动，以满足各个层面学生的需求。

  2. 学生已有的语言知识、能力储备：

  三年级学生已经具有了一定的词汇量，具有一定的听说读写能力。表达家庭成员的词汇，除了 cousin 是生词外，其他词汇已经在二年级时学习过，当时学习时仅要求听说，没有要求认读文字。在本次学习时，应在听说的基础上加强认读文字的练习。另外，形容人物外貌的词汇是在二年级第一学期学习的，由于学习的时间比较长了，学生的遗忘率较高，应多次复习巩固。

  3. 随班就读学生学习问题及策略研究：

  ★随班就读学生张某英语基础知识水平薄弱，可以按字母表中的顺序认读 26 个英文字母，但是抽离出单个字母认读有困难。张某能够认读部分简单的单词，但是朗读所学字母、词汇和语句不能够做到发音清晰准确；他虽然能够听懂简单的单词发音，但是难以抓住听力材料中的关键词。张某能够在教师和助学伙伴的帮助下，借助图片读懂适量文字的小故事，但是他主动学习习惯较差，惰性较强。家庭作业家长不能给予任何辅导，所以作业完成情况很不好。

  张某通过一二年级的学习，经过教师一对一的辅导能够说出 6 个描述人外貌的词汇，并且在助学伙伴的帮助下能够参与课堂简单的对话。本课针对随班就读学生张某的学习现状运用一些教学策略：

  1. 通过镜子游戏和欣赏绘本故事活动激发学习兴趣。

  2. 教师提问一些简单的问题让其回答，重复答案，鼓励其参与课堂，树立自信心。

  3. 张某在助学伙伴的帮助下，通过同伴互助完成家庭树的排列活动。

  4. 教师一对一指导张某的书写，专门为其设计了要仿写的句子，降低难度。

  5. 教师最后布置趣味性强的分层作业，激发其学习英语的兴趣。

续表

教学背景分析
教学方式 　　基于对教材和学情的分析，针对三年级 2 班学生的特点，本节课主要在复习热身阶段玩"镜子"游戏，运用多媒体呈现英语绘本故事"My Family"，激发学生学习兴趣；通过"搭建家庭树"的小组合作活动操练本课词句；通过"家庭展示秀"的任务让学生互动、交流起来，让学生体验到用英语做事情的乐趣；最后教师尊重差异布置趣味性强的分层作业。通过听、说、读、写的多样化的语言活动，循序渐进地复习巩固旧知，帮助学生进行从语言输入到语言输出的转变，为学生用英语做事情、用英语进行交流创造机会。

四、教学目标

教学目标分普通学生与随班就读学生两个维度，其中又分为教学目标、教学重点与教学难点三个部分。教学目标的叙写要具体可测量，要考虑到教学中如何去评估目标是否达成。通过目标的叙写能够很好体现教师对随班就读学生所进行的调整。

表 4 教学活动设计之教学目标

教学目标	
普通学生	随班就读学生
教学目标 1. 借助图片，学生能够理解听力材料，在标号中能够正确填出序号。 2. 能够在小组活动中使用自己的家庭照片，运用句子 There are ____ people in my family. This is … He/she is … He/she has … 介绍家庭成员。 3. 能够依据实际情况正确填写家庭成员词汇，完成"家庭秀"worksheet。 4. 在游戏过程中，感悟家庭生活的幸福。	**教学目标** 1. 借助图片，能够理解简单句子，能正确标号，达到半数正确。 2. 能够在问答游戏活动中，在助学伙伴帮助下说出 This is … 句型进行简单交流。 3. 能够在教师的一对一辅导下完成"家庭秀"worksheet。 4. 在游戏过程中能增强对英语学习的兴趣。

续表

教学目标	
普通学生	随班就读学生
教学重点 1. 认读 9 个家庭成员的词汇。 2. 运用重点词句介绍自己的家庭。 **教学难点** 运用 3–5 句话介绍自己的家庭成员。	**教学重点** 通过个别辅导、同伴互助，能够借助图片认读 9 个家庭成员的词汇。 **教学难点** 运用句子 This is … 介绍自己的家庭成员。

五、教学资源

教学资源可以是这节课需要使用的教具、学具以及为了帮助随班就读学生达成教学目标而需要提供的支持资源。

表 5　教学活动设计之教学资源

教学资源
计算机、实物投影、小奖票、多媒体课件、绘本故事 PPT、"family tree"表格每人一张、"family show"表格每人一张、随班就读学生的专用表格一张（填空改为仿写）、词汇卡片两人一套（10 张）。

六、教学流程示意图

教学流程示意图帮助教师把握整节课的设计，要将课堂教学设计的主要环节和活动呈现出来。

表 6　教学活动设计之教学流程示意图

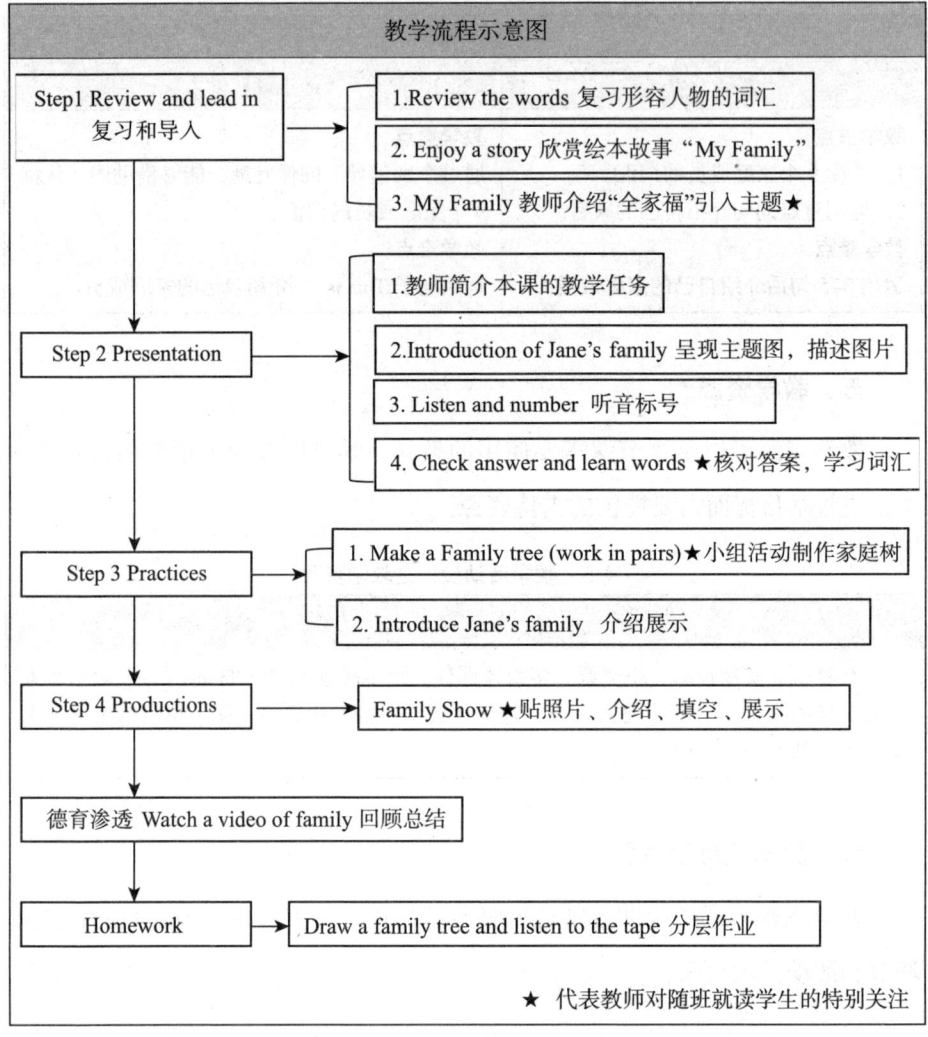

七、教学过程

教学过程需要分阶段书写，每个阶段里面具体列出教师活动、学生活动、随班就读学生活动、设计意图以及时间安排。在学生活动的安排中要与前面目标的设计对应，活动的安排是为了达成教学目标。

表 7 教学活动设计之教学过程

教学活动设计（表格描述）

教学阶段	教师活动	教学过程 学生活动	随班就读学生活动	设计意图	时间安排
Review and lead in	Greetings. 1. Review the words. T: let's play the mirror game. 教师带领学生做动作。 T: Look at the picture: PPT出示镜子，里面有不同特点的人，教师引导学生说句子，做镜中人物的动作。 I'm tall. I'm short. I'm big. I'm thin. I have long hair. I have short hair. I am happy. T: Are you happy? T: I hope you really enjoy our English class.	师生问好。 学生说句子，模仿教师的动作。 学生说句子，模仿镜子中的图片做做动作。	师生问好。 随班就读学生说句子，模仿教师的动作。 随班就读学生尝试说句子，模仿镜子中的图片做动作。	利用热身游戏，活跃课堂气氛，树立学生的自信心，帮助学生在轻松愉快的氛围下勇敢表达。 在最短的时间内，有效吸引学生的注意力。快速复现本课所涉及的形容人的词汇，为之后描述家庭成员做语言铺垫。	（6）

续表

教学阶段	教学过程（表格描述）			时间安排
	教师活动	学生活动	随班就读学生活动	设计意图
Review and lead in	2. Let's enjoy a story. 教师播放电子书"My Family"逐页呈现，教师讲故事。 T: Story time."My Family". 故事内容： This is my mother. My mother is digging. This is my father. My father is baking. This is my sister. My sister is singing. This is my brother. My brother is painting. This is my grandmother. She is reading. This is my grandfather. He is running. This is my family. My family are eating. T: Do you like it? T: Who are in bunny's family? S: This is … T: It's a happy family! I have a happy family. Do you want to see my family?	学生认真倾听故事，观察图片内容。 学生回答教师问题。	随班就读学生认真倾听故事，观察图片。 随班就读学生认真倾听。	依据多元智能理论，色彩鲜艳的图片配上语音的输入方式对视觉和听觉学习有优势的学生有很大的吸引力，大大激发学生对英语学习的兴趣。 教师以读故事然后自然交流的形式复习引入，增强了学习的趣味性，同时也更加丰富地呈现了对家庭成员的介绍的词句。不同层次的学生，他们的收获和反馈都有差异。	

续表

教学过程（表格描述）

教学阶段	教师活动	学生活动	随班就读学生活动	设计意图	时间安排
Review and lead in	3. Show the photo of my family. 出示教师的全家福，引出主题。 T: Look, this is my family. There are four people in my family. This is my father, this is my mother, and this is my sister. This is me. I love my family. Guess, what's our topic today? "My Family". 教师引导学生关注family读音，学生跟读。	学生观看照片，认真倾听，深入理解family的含义。 学生读词条。	随班就读学生观看照片，认真倾听，尝试理解family的含义。 ★ 随班就读学生读词条 My Family。	联系现实生活，呈现自己家庭照片进行介绍，加深了学生对family的理解，引出本课的主题。 教师给课堂随读的机会，参与随班就读学生树立其自信心。	
Presentations	1. 教师简介本课的教学任务。 T: In this class, we are going to see Jane's family, and work in pairs to make Jane's family tree. Introduce your family to our friends, make a family show! Let's go! 2. look and say 听前看图。 T: Let's go to see Jane's family. T: What can you see in the picture? 呈现主场景图。	学生观看 PPT，了解本课的学习目标。 学生观察照片，试着描述自己所看到的人物。	随班就读学生观看 PPT，了解本课的学习目标。 随班就读学生观察照片。	学生了解本课的学习目标，不是盲目地跟着教师在学，而是有准备、有目标地进行学习。 培养学生认真观察的能力，简单描述看到的人物。	(14)

续表

教学阶段	教学过程（表格描述）				时间安排
	教师活动	学生活动	随班就读学生活动	设计意图	
Presentations	PPT一组一组地出现主要人物，如：grandfather and grandmother; father and uncle; mother and aunt; brother and sister; cousin and Jane. 教师依据出现的人物提问题： T: Who are they? What are they doing? What do they look like?	学生依照图片内容，回答教师的问题。	如果举手回答教师的简单问题，教师给随班就读学生参与课堂的机会。	教师通过提问题，引导学生细致地观察图片，充分理解画面所要表达的较为详细的信息。同时这也是语言的输入，为充分地理解听力材料内容作铺垫。	
	3. Listen and number. 第一遍音频完整地播放。	学生打开书，用手指出听到的人物。	随班就读学生尝试指出听到的人物。	第一遍音频完整地播放，目的是整体呈现，使学生整体感知单词及句型。	
	第二遍听的时候，断开音频，教师提示数字。	学生听录音，按照顺序标号。	随班就读学生试标出顺序。	留给学生区分人物外貌、着装，依据听力材料确定顺序的书写时间。	
	第三遍听的时候，订正答案，学习新词汇。				

续表

教学阶段	教学过程（表格描述）			时间安排
	教师活动	学生活动	随班就读学生活动	设计意图
Presentations	4. Check answer and learn words. 播放录音：This is my grandfather. He is on the chair. He is thin. This is my grandmother. She is on the chair, too. She is big. Number 1 grandfather Number 2 grandmother listen and repeat 原声输入，学生模仿读词，教师左右手分别拿着卡片 关注词音词形 [gr]——and——father——grandfather grandmother What does he/she look like? 教师板书 He /she is …	学生核对答案。 原声跟读。 学生试着描述人物的外貌。 He is … She is …	随班就读学生核对答案。原声跟读。 重复描述外貌的句子。	在真实的语境中，词不离句地运用语言，教师关注不同层次的学生，使能够基础熟练掌握学过的家人单词，读准发音；能力较强的学生可以尝试描述家庭成员的外貌。 关注词音词形，渗透自然拼读法。 学生在与教师的自然交流中，词不离句地运用语言。	

续表

教学阶段	教学过程（表格描述）			时间安排
	教师活动	学生活动	随班就读学生活动	设计意图	

教学阶段	教师活动	学生活动	随班就读学生活动	设计意图	时间安排
Presentations	播放录音：This is my father. My father is tall. That is my uncle. My uncle is short. Number 3 father Number 4 uncle listen and repeat 原声输入，学生模仿读词。 教师左右手分别拿着卡片 关注词音词形 [th]—father [un]—uncle What does he look like?	学生核对答案。 原声跟读。 试着描述人物的外貌。	随班就读学生核对答案。原声跟读。 重复描述外貌的句子。	关注词音词形，渗透自然拼读法。 学生在与教师的自然交流中，词不离句地运用语言。	
	播放录音：This is my mother. That is my aunt. My mother's hair is long. My aunt's hair is short. Number 5 mother Number 6 aunt listen and repeat 原声输入，学生模仿读词。 教师左右手分别拿着卡片 关注词音词形	学生核对答案。 原声跟读。 试着描述人物的外貌。	随班就读学生核对答案。原声跟读。 重复描述外貌的句子。	关注词音词形，渗透自然拼读法。 学生在与教师的自然交流中，词不离句地运用语言。	

续表

教学阶段	教学过程（表格描述）			时间安排
	教师活动	学生活动	随班就读学生活动	设计意图
Presentations	[o] [th]—mother [a]—aunt What does she look like? 教师板书：She /he has... 播放录音：This is my brother. He has brown hair. This is my sister. She is in her red dress. Number 7 brother Number 8 sister listen and repeat 原声输入，学生模仿读词。 教师左右手分别拿着卡片 关注词音词形 [o] [ther]—brother [i]—sister What color is his hair? What color is her dress?	学生核对答案。 原声跟读。 试着描述人物的外貌。	随班就读学生核对答案。原声跟读。 重复描述外貌句子。	关注词音词形，渗透自然拼读法。 学生在与教师的自然交流中，词不离句地运用语言。	

续表

教学过程（表格描述）

教学阶段	教师活动	学生活动	随班就读学生活动	设计意图	时间安排
Presentations	播放录音：This is my cousin. She is playing with lucky. Number 9 cousin listen and repeat 原声输入，学生模仿读词 What is she doing?	学生核对答案。原声跟读。 试着回答问题。She is playing with lucky。	随班就读学生核对答案。原声跟读。	关注词音词形，渗透自然拼读法。 学生在与教师的自然交流中，词不离句地运用语言。	
	PPT 呈现叔叔阿姨的图片，下面是他们的孩子，辅助学生理解 cousin 的含义。 解释，明确该词的含义。 关注词音 [ou]—cousin	学生理解 cousin 词义。	随班就读学生尝试理解 cousin 词义。	学生依据图片、教师的肢体语言，能够理解英文词义，突破难点，渗透字母组合的发音。	
	Can you find Jane? Is she Jane? 教师用手指着其他人物询问：她是 Jane 吗？ 出示了完整的主题图之后，教师引出重点句型。	学生回答。	随班就读学生重复答案。	教师创设寻找 Jane 的情境，在找的过程中，引导学生运用句型 she/he is…回顾学过的家人称呼的词汇。	

续表

教学过程（表格描述）

教学阶段	教师活动	学生活动	随班就读学生活动	设计意图	时间安排
Presentations	T: Wow, There are many people in the picture. 教师引导学生关注 people 读音，学生跟读。 T: How many people are there in the family? Let's count! 教师出示词条： There are 10 people in Jane's family.	学生数 Jane 一家的人数。 学生读词和句子。 学生回答教师的问题。	随班就读学生和大家一起数 Jane 一家的人数。 随班就读学生试读出词和句子。尝试回答教师的问题。	在真实的交流中自然引出本课句型。 教师在和学生真实的交际中，自然交谈，引导学生运用句型 This is… He is… 描述外貌。	
Practices	1. Make a family tree. Oh! What a mess! Let's put them in order. 教师一边摆放卡片在黑板上，一边和学生交流。				(10)

续表

教学过程（表格描述）

教学阶段	教师活动	学生活动	随班就读学生活动	设计意图	时间安排
Practices	教师在黑板上摆放了三个人物，举例子之后，引导学生拿出卡片，两人小组，一边说一边贴。 教师走到学生中间巡视，辅导，完成的快并且对的及时肯定，教师发放给学生小贴画儿作为奖励。 2. Show Time S: There are ten people in Jane's family. This is…… T: Great! You are the good builder! You can get the sticker. 教师及时肯定到前面来介绍的学生，发放小贴画儿作为奖励。	小组活动，两人一起一边描述图片，一边贴在印有"family tree"的A4纸上。 尝试到黑板前介绍Jane的一家。	教师特别关注随班就读学生小组活动，辅导，训练其尝试用句型：This is……进行简单表达。★ 尝试到黑板前介绍Jane的一家人中的一个。★	学生模仿教师摆放的范例，尝试用英语来做事情，在完成活动的过程中培养学生的合作意识和动手能力。 培养学生当众发言的自信，体验成功的喜悦。给随班就读学生展示的机会，鼓励其积极参与课堂。 学生在学习了新语言后，在介绍Jane家谱的任务驱动下，自然而真实地运用新语言。	

续表

教学过程（表格描述）

教学阶段	教师活动	学生活动	随班就读学生活动	设计意图	时间安排
Practices	Make a Family show. T: Jane has a happy family and what about your family? Share some pictures. T: Would you like to make a family show? Let's watch a video. 教师以视频为范例 1. Stick your photo on the activity sheet. 2. Work in pairs. Introduce your family to your friends. 3. Fill the blank.	学生认真倾听，明确任务的三个步骤。 学生按步骤完成任务：介绍全家福照片，依据自己的实际情况在4线3格中完成填空。 投影展示，贴在展板上。	随班就读学生认真倾听，明确任务的三个步骤。 在助学伙伴的帮助下尝试用句子 this is... 简单介绍，尝试仿写。 ★ 尝试展示。 ★	明确任务的三个环节，层次清晰，逐步展示。 在较真实的情景中完成任务，先说后写。这是一种在新语境中的语言输出。在迁移的过程中关注能力的提升。 给学生创设展示的机会，增强勇敢表达的自信心。教师给随班就读学生设计的worksheet的最后一项填空改为仿写，目的是降低难度，树立自信心。通过填空，养成规范书写的好习惯。	
	T:Who wants to show us your family? 3—5人来前面展示。				

续表

教学过程（表格描述）

教学阶段	教师活动	学生活动	随班就读学生活动	设计意图	时间安排
	德育渗透 "family" 教师播放视频 Father and mother, I love you.	学生认真体会family 单词每个字母所代表的含义，体会家的深刻含义。	随班就读学生认真观看，体会自己的家人。	播放"公益广告"以情动人，德育渗透，热爱自己的家人。体会family 每个字母所蕴含的深刻含义。	（10）
	In this class. What did we do? 教师总结本节课重点，反馈自评和互评的结果。	学生在教师的带领下回顾本节课的主要内容。	在教师的带领下回顾本节课内容。	教师总结本节课重点，引导学生反思自己的收获。	
Productions		学生数自己所得的贴画儿数量。	随班就读学生和助学伙伴一起数贴画儿。	及时反馈自评和互评的结果，超过3张贴画儿可以得到一个小书签。	
	Homework 1. Listen to the tape. Read a story "My Family". 2. Make your family tree. 作业分层次，第一条所有同学都要完成，可以得到一张贴画儿；第二条作业有一定的难度，完成可以得到两张贴画儿。			尊重差异，家庭作业设计分层，让不同程度的学生在原有基础上都能有所收获。	

注：★ 为教师对随班就读学生的特别关注。

八、板书设计

表 8　教学活动设计之板书设计

板书设计
Unit 14 My Family There are ___ people in the family. 　She/he is … 　She/he has …

九、教学环境设计说明

这部分要清楚呈现出随班就读学生在班级里面的"坐标",即座位安排,如果有助学伙伴(也有教师称之为阳光伙伴、小助教)或助教教师,也需要标识出来。

表 9　教学活动设计之教学环境设计

教学环境设计说明
讲台
△△　△△
○★　△△
△△　△△
△△　△△
△△　△△
△△　△△
△△　△△
注:★代表随班就读学生。 　○代表助学小伙伴。

十、学习效果评价设计

学习效果评价主要写出评价的方式和通过的标准,并重点说明普通学生评价与随班就读学生评价的标准。

表 10　教学活动设计之学习效果评价

学习效果评价设计
评价方式 1. 注重学习过程的评价： 教师观察课堂发言和听讲表现，运用语言及时评价学生参与课堂情况，对有突出表现的同学，及时奖励贴画儿。 2. 注意评价主体的多元化和评价形式的多样化： 在阅读理解活动中设计了学生自评和小组内互评的"赢取贴画儿"评价活动；在进行操练环节时，采取了"制作 Jane 的家庭树"的游戏形式，引导学生在完成 worksheet 后，进行家庭展示活动，调动全班同学的积极性，激发合作意识和参与展示的自信心。
普通学生评价量规 1. 课上积极举手超过 2 次为优秀，发言超过 1 次为优秀，和小伙伴一起进行操练活动得到 2 张贴画儿以上为优秀，达不到为良好。 2. 完成"家庭展示秀"worksheet，能够填空、介绍为优秀。 ★随班就读学生评价量规 1. 课堂上积极举手超过 1 次为优秀，发言超过 1 次为优秀，和小伙伴一起进行操练活动得到 3 颗星以上为优秀，达不到为良好。 2. 能够在伙伴帮助下完成"家庭展示秀"worksheet 填空，能够在教师的指导下完成专门为其设计的仿写为优秀。

十一、自我评价

该部分为课前撰写，教师在活动设计实施之前对活动设计的特点进行总结与自我评价。

表 11　教学活动设计之自我评价

本教学设计与以往或其他教学设计相比的特点 (300-500字)
此次教学设计突出特色是"尊重差异，分层教学；关注全体，巧用资源"。 一、尊重差异，分层教学 1. "家庭展示秀"活动，完成 worksheet 的任务让学生互动、交流起来；让学生体验到用英语做事情的乐趣。请能力较强的同学来台前展示，介绍自己的家人，描述其外貌、衣着等细节。随班就读学生和大家分享自己的全家福照片，介绍每个家庭成员。 2. 课下布置趣味性强的分层作业激发学习英语的兴趣，第一个层次是听录音、读绘本故事，这体现的是对课堂学习内容的巩固性要求；第二个层次是制作自己家的家谱，这体现的是对课堂学习内容的运用性要求。

续表

教学反思
二、关注全体，巧用资源 1. 我将教材上 Part B、C 部分进行了整合，替换为"家庭展示秀"活动，完成 worksheet 的任务。让学生先说后写，集情景性、交际性为一体，让学生在小组间互动、交流起来。 2. 我在课堂上引导学生在真实的情景中运用语言，精心设计了"搭建家庭树"的小组合作活动；"家庭展示秀"完成 worksheet 的任务；复习热身阶段设计了"镜子"游戏，学生充分利用肢体语言，采取模仿镜中人物做动作说句子的游戏，调动学生肢体—智能智力；运用多媒体呈现英语绘本故事"My Family"，让学生的思维活跃起来；通过看图思考、教师提问、追问引导的形式来培养学生的英语思维能力，促进其逻辑数理智能的发展。

十二、教学反思

该部分为课后撰写，教师在活动设计实施之后反思教学活动设计的优点、不足以及改进方向，教学目标的达成状况，学生反应状况以及教师自身的体验，通过反思进行经验的积累，从而实现个人的专业成长。

表 12　教学活动设计之教学反思

教学反思
回顾本节课，从"镜子游戏"、欣赏绘本故事"My Family"，一直到教师联系实际生活，介绍自己的全家福，引出本课的主题"My Family"。整个热身导入过程，学生都在一种轻松愉快的氛围下勇敢表达。教师通过图片、肢体语言，自然而真实地和学生展开交流，师生全情投入课堂，关系和谐融洽，课堂就是在这样一种和谐的氛围下展开的。紧接着，教师呈现了本节课的主要教学任务，使学生整体了解本课的学习目标，不是盲目地跟着教师在学，而是有准备、有目标地进行学习。 1. 有层次地听录音：第一遍音频完整地播放，使学生整体感知单词及句型。第二遍听的时候，断开音频，教师提示数字，留给学生区分人物外貌、着装，依据听力材料确定顺序的书写时间。第三遍听的时候，订正答案，学习新词汇。 2. 在学习词汇的过程中，注重英文原声输入，学生模仿发音，教师引导学生关注字母组合和元音字母的发音，渗透拼读规律。教师关注不同层次的学生，教师提一些简单的问题让随班就读学生回答，重复答案，鼓励其参与课堂，树立自信心。随班就读学生能够理解教师的英文指令和提问；对于听音标号活动，随班就读学生能够理解简单句子，能正确标号，达到半数正确。

续表

> 在教学活动的设计上贴近学生生活，教学资源的运用上巧妙地结合教材内容，丰富而多样。师生之间、生生之间的互动有效而自然。在活动的过程中采取多元评价，注重鼓励，承认差异，实施分层教学，让不同层次的学生都能够身心健康地在原有基础上有所收获。
> 1. 在"搭建家庭树"的小组合作活动中，学生能够做到边说边贴在合适的格子里。学生积极踊跃地到前面展示介绍 Jane's family；随班就读学生在助学伙伴的帮助下能够完成作品。
> 2. "家庭展示秀"完成 worksheet 的任务让学生进行互动、交流，语言变得自然、真实、生动起来，让学生体验到用英语做事情的乐趣。学生能够在小组活动中使用自己的家庭照片，运用句子"There are ____ people in my family." "This is …" "He/she is …" "He/she has …" 等介绍自己的家庭成员。
> 这节课当中还存在着一定的问题。学生在描述家人的过程中，人称转换出现的口语错误较多，在如何设计操练活动、训练语言的准确表达上，教师仍要进行深入的思考。

　　本节呈现的教学活动设计的要点以及每个部分的示例均以示范课或者评优课为标准，在课堂教学设计中并不存在标准答案或者唯一方法，所呈现的示例也仅供参考。为了上好一节有随班就读学生的课，随班就读教师需要关注到这些要点。当然并不是说每一节常规课都需要撰写这些内容，随着随班就读教师课堂教学经验的积累，课堂教学设计也会逐步完善。

第五章　巡回指导在资源教室建设与运作中的作用

资源教室的建设与运作工作是海淀区随班就读工作保障体系中的关键部分，也是融合教育实施的重要模式①。资源教室和特殊教育中心承担不同的职能，资源教室的功能主要是直接服务于普通学校的特殊教育需要学生；而特殊教育中心承担师资培训、教学研究、巡回指导、经验交流等任务，也可以受教委委托，协助教育行政部门完成监督检查、评估等方面的工作，并为资源教室的正常运行提供保障与支持②。随着北京市融合教育的全面铺开，各融合教育学校对资源教室的需求也逐渐增加。截至2015年，海淀区建有资源教室77所。"十三五"时期，海淀区将新增50个资源教室。在资源教室建设方面，经过几年的摸索与总结，我们形成了"申请—审核—批复—确认—建设—评估"的管理流程，规范化的管理流程为学校资源教室的建设提供了方向，但在具体的建设与运作中仍面临着很多的问题：资源教室要怎么分区？资源教室的课程要怎么安排？资源教室的档案要怎么管理？资源教室的训练课要怎么上……这些都需要巡回指导教师的示范与指导。

在资源教室筹建初期，巡回指导教师与资源教师根据学校随班就读学生

---

① 雷江华.融合教育导论[M].北京：北京大学出版社，2012：58.
② 彭霞光.把握资源教室建设指南的精髓 健全随班就读支持保障体系[J].现代特殊教育，2016（05）:5-7.

的需求，参照资源教室的配备清单共同讨论建设方案；中期，在硬件设备到位之后，根据功能区域的划分对资源教室进行环境布置；后期，巡回指导教师对资源教师进行业务指导，共同商讨资源教室的功能定位、课程安排等。这种指导式、合作式的资源教室建设模式有效地保证了资源教室定位的准确性、康复训练设备配置的适当性以及环境规划的合理性。具体而言，巡回指导在资源教室建设与运作中的作用主要体现在资源教室制度建设、资源教室档案建立、转介服务协调、资源教室课程指导、资源教师指导、教育与心理咨询服务和学生筛查评估等七个方面。

一、协助建立资源教室管理制度

1. 成立领导小组

资源教室是融合教育与普通教育之间的桥梁，资源教室的工作直接影响学校融合教育的质量。组织结构与管理制度的建立是确保资源教室正常运行的关键，因此，在资源教室建设初期，特殊教育中心指导并要求学校成立领导小组，小组组长由校长承担，这属于资源教室验收评估的一个指标。

从图1中可以看出农大附中随班就读工作领导小组的具体组成，农大附中形成了学校立体网络式的管理系统，资源教室与资源教师在其中处于核心

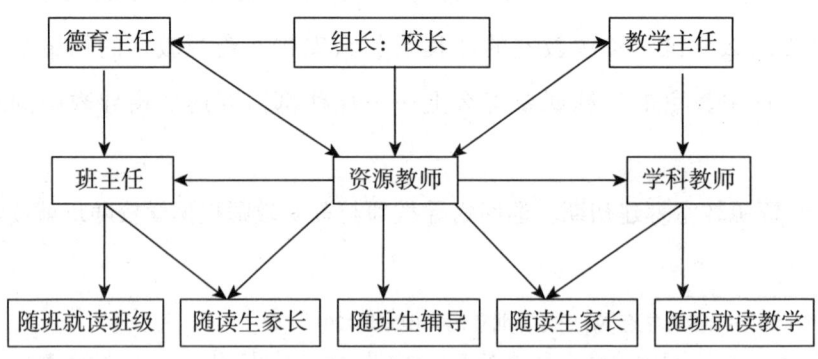

图1　农大附中随班就读工作领导小组

地位，为学校随班就读工作的开展提供了绿色通道。

2. 形成服务流程图

学校是学生学习和活动的主要场所。当学生在学校环境中出现挑战性的行为时，学校需要启动相应的应对程序，这也是服务流程图的作用所在，让学校教师清楚地知道融合教育服务的流程，在遇到问题学生时及时寻求支持和帮助。此外，资源教室服务流程图也可以直观形象地说明资源教室各工作环节及相互关系[1]。特殊教育中心教师在巡回指导过程中，建议学校从了解学生特殊教育需要出发，形成融合教育服务流程图，从而使资源教室的工作更加具有实效性。

如，农大附中资源教室的运作流程：筛查建档（校区两级筛查、随班就读学生诊断证明，学校教师、家长沟通结果）——辅导前测——制订个别化教育计划——进行各种辅导——评估训练效果——反馈辅导结果——调整个别化教育计划。

二、协助建立资源教室档案

档案可以完整呈现资源教室建设和运作的过程，档案工作也是资源教师工作职责之一，在资源教室的评估验收中，档案查阅也是必需的一个环节。为了帮助资源教师了解什么类型的材料需要存档，特教中心制定了档案目录（详见表1）。

在具体的巡回指导过程中，巡回指导教师需要不定期查阅资源教师所建的档案，了解资源教师目前所开展和未开展的工作，帮助资源教师完善档案资料，资料完善的过程同时也是资源教师开展各项工作的过程。

---

[1] 许家成，周月霞.资源教室的建设与运作[M].北京：华夏出版社，2006：07-26.

表 1　海淀区资源教室档案目录

一级目录	二级目录	具体内容
建设与管理	基本建设	1. 建设方案 2. 硬件设施名录
建设与管理	使用与管理	1. 领导小组名单与分工 2. 资源教室管理规定 3. 资源教室使用说明 4. 三年工作计划 5. 资源教师工作职责和考核管理办法 6. 资源教室工作大事记
教育训练	个别化教育计划	1. 个别化教育计划齐全 2. 教育计划完整（目标、设计、责任人签字等） 3. 计划有针对性，可行可检 4. 个别化教育计划效果评价材料
教育训练	个案管理	1. 学生个案教育档案 2. 学生转介情况档案 3. 学生走班记录材料（如走班卡）
教育训练	训练课	1. 训练安排（如课表） 2. 准确落实教学目标，过程完整，方法有效，评价及时 3. 训练评价材料
教育教学支持	教研	1. 随班就读教研活动计划 2. 随班就读教研活动记录
教育教学支持	科研	1. 相关课题立项通知 2. 相关课题结题报告 3. 相关课题研究成果

续表

一级目录	二级目录	具体内容
家校联系	家校联系	1. 家校联系册或相关记录
	家长培训	2. 家长培训计划或培训方案
		3. 培训记录

三、多方协调进行转介服务

在巡回指导过程中，不时遇到一些学生案例，现阶段这些学生在普通班级中融合难度很大，班级教师甚至是资源教师目前还不具备进行应对的专业技能。在这种情况下，资源教师需要寻求专业支持，提出书面申请，经家长同意签字后，盖上校章交至特教中心。这个过程常见的问题及应对措施如下：

1. 家长不同意申请特教服务

应对措施：家长不同意申请特教服务多数是担心学校以此为借口往外推学生，因此，资源教师在与家长就申请特教服务进行沟通时，重点要告知家长提出申请后，巡回指导教师会对学生进行全面的教育评估，充分了解学生的优势与劣势，在此基础上安排具体的课程，进行有针对性的服务。

2. 资源教师不知道怎么申请服务

应对策略：为了帮助资源教师完成申请，根据巡回指导的经验，中心制定了统一的申请表，资源教师按照表格填写即可。

表 2　海淀区特殊教育支持服务申请表

学生姓名		性别		民族		出生日期	
就读学校				班级			
监护人	姓名	关系	学历	工作单位		联系电话	
学生表现	□ 不能进班上课、在课堂上自由走动 □ 语言理解和表达能力差、自言自语 □ 有情绪行为问题 □ 不会与老师、同学交往 □ 多动、易冲动、注意力不集中 □ 其他							
支持服务需求	□ 学校 □ 学区 □ 特教中心 □ 其他							
家长申请	鉴于孩子需要，故申请特殊教育服务和支持。 家长签字： 　　　　　　　　　　　年　月　日							
学校审批意见	主管领导： 　　　　　　　　　　　年　月　日							
特教中心意见	主管领导： 　　　　　　　　　　　年　月　日							

注：此表一式三份，特教中心、学校、家长各一份存档。

四、对资源教室课程的专业指导

课程是资源教室运作中的难点问题，很难有一套课程适合每个资源教室；同时课程也是资源教室运作中的重点问题，是对特殊教育需要学生实施个别化教学的基础。资源教师必须要立足于本校随班就读学生的特点进行课程的开发。此外，区特教中心会通过委派巡回指导教师深入普通学校，协助普校资源教师一起对随班就读学生开发资源教室课程，并开展相应的教学活动[1]。

清河中学有十多名随班就读学生，绝大多数为智力障碍。考虑学生的年龄特点和发展需要，学校进行了校本课程《融》的开发，分为生活技能篇、人际交往篇、个性特长篇和融入社会篇。校本课程是培养特殊教育需要学生融入社会、促进资源教室功能发挥的关键和核心环节。清河中学在校本课程开发中不仅培养了教师，也帮助学生更好地认识自己、接纳自己，最终实现自己的价值。

农科附小的资源教师参加了特教中心的专项培训后，对资源教室注意力训练课程和动作训练课程进行了开发，并根据一年级学生注意力容易分散、动作能力普遍较差的特点，将注意力训练课程结合班级教学内容整合到班级教学中，每天利用10分钟开展全班学生的注意力训练，每天放学后带着全班学生进行动作能力训练。在这套课程的实施中，班级教学取得了显著的成绩，获得了学校以及家长的高度支持与认可。

五、对资源教师进行一对一指导

在经费的保障下，资源教室的硬件建设能够很快完工，但资源教师的成长需要一个过程。资源教师是资源教室的主要负责人，一名合格的资源教师

---

[1] 须芝燕. 普特合作探索随班就读资源教室课程 [J]. 现代特殊教育，2013（12）:9-10.

除了具有优秀教师的素质外还应具有特教专业知识，具备与随班就读教师、学校领导以及家长沟通的能力。培养一名合格的资源教师需要很长时间，特教中心以理论学习和教育实习相结合的方式开展了几期资源教师专项培训，通过培训取得资源教师上岗资格证书，这批教师也就踏上了资源教师的征程。回到学校，在资源教师的岗位实践中，他们还是需要一点点地接受指导。

1. 政策宣导

国家、北京市以及海淀区在融合教育方面都有一些政策方针，这是学校和教师开展工作的基础，这也是资源教师向巡回指导教师咨询较多的内容。巡回指导教师以书面形式或口头交流的形式为资源教师提供相关政策的基本规定与解读。

2. 专业技术指导

海淀区资源教室的评估工作主要分为三个环节，包括学校资源教室工作汇报、资源教室运作特色展示和资源教室工作档案查阅，其中特色展示部分多是以训练课的形式开展。训练课的设计与实施也是资源教师和巡回指导教师共同探讨较多的方面，注意力训练、语言训练、社交互动课程、认知教学等都需要有一定的专业基础，需要对学生的基础能力进行评估，在评估基础上设定具体的教学目标。资源教师多是由学科教师转型或者心理教师兼任，他们在学生评估与康复训练方面经验有限，巡回指导教师的指导则为他们提供了专业支持。

3. 心理支持

普通学校资源教师最多不超过 3 人，在学校属于少数群体，很容易在心理上感觉被边缘化。除了通过专业指导帮助资源教师解决困难，从而获得专业认同之外，资源教师还需要心理的归属感。一定程度上，巡回指导教师是资源教师的情感传输带，在给他们直接的心理支持之外，还通过组织交流、教研以及研讨等活动帮助资源教师之间建立联系，搭建社会支持网络，从而减缓他们的心理压力[①]。

六、开展教育与心理咨询服务

资源教室的建设为随班就读学生的充分发展提供了很好的展示平台，同时为学校心理健康教育工作的开展创造了提升空间。为了让更多的学生享受资源教室的资源，资源教室建设的过程充分考虑了普通学生和教师的需要，各校在资源教室的使用中不仅面向特殊教育需要学生，也面向全校师生开展心理辅导。如农大附中的资源教室每天中午都有1-2名值班教师，并向全校开放。优美的环境、先进的设备、资源教师温暖的陪伴，资源教室成为全校师生的心灵港湾。同时，为充分发挥资源教室的功能，提高资源教室的利用率，学校利用资源教室开展系列团体心理辅导活动，开办家长沙龙，为家长搭建交流平台，同时密切家长与学校之间的联系，有利于构建良好的家校合作关系。

七、对学生进行筛查评估

2015年，特教中心为巡回指导教师及部分资源教师举办了专门的筛查评估培训班，帮助资源教师掌握筛查评估的专业技能。特教中心期望建立起班主任—资源教师—巡回指导教师三层筛查评估体系。首先是由班主任初步筛选出班级里行为、情绪或者认知等方面与其他同学差异较大的学生，然后由资源教师对这些学生进行观察和评估，通过班级环境调整和资源教室服务相结合的方法予以干预，如果干预没有起到作用，或者是资源教师的专业不足以完成评估，再到巡回指导教师这一筛查评估层面。观察哪些方面，访谈了解哪些信息，测评结果如何解读，相应的干预方案怎么制订等，这些都需要

[①] 王秀希，高玉红，王冰，王雪．社会支持及控制点在教师工作压力知觉中的作用研究[J]．中国成人教育，2010（03）:84-85．

巡回指导教师的指导。

融合教育是当前特殊教育发展的必然趋势。1988年，我国正式提出随班就读的安置形式，经过近三十年的发展，已成为融合教育的主要途径，取得了巨大的成绩，全国随班就读学生占全国在校残疾学生总数的50%以上。2009年，国务院办公厅转发教育部等八部门《关于进一步加快特殊教育事业发展意见的通知》中提出："全面推进随班就读工作，不断提高教育质量。重点推进县（区）级随班就读支持保障体系的建立和完善。所有实施义务教育的学校要积极创造条件，接收具有接受普通教育能力的适龄残疾儿童少年随班就读，不断扩大随班就读规模。"随班就读支持保障体系的建立迫在眉睫。资源教室作为普通教育与特殊教育之间的桥梁，资源教师利用校内外一切可利用的资源为特殊学生、家长、普通班教师提供服务与支持，使随班就读学生在普通教育中享受特殊教育专业服务和支持，是随班就读支持保障体系建立的重要组成部分。资源教室建设与运作工作的开展有效地推广了融合教育理念，是满足随班就读学生需要的重要途径。近年来，海淀区致力于探索融合教育巡回指导实践模式，通过巡回指导带动融合教育相关工作的开展。其中，为普通学校资源教室工作提供指导与服务是区特教中心为学校提供支持与指导中的重要任务，也是促进学校融合教育质量提升的关键举措[1]。以往的实践中，区特教中心与学校资源教室形成了指导式与合作式的良好关系，探寻到适合本地区的资源教室运作的管理方法，有效地提高了资源教室的工作效率。

---

[1] 王红霞. 融合教育巡回指导模式探索——基于北京市海淀区的实践 [J]. 现代特殊教育，2016（17）:16-18.

第六章 巡回指导对师资培训的促进作用

第一节 师资培训的背景

一、融合教育师资培训背景

师资培训是通过各种培训方式，向教师提供文化知识、实践技能和基本素养的培训，在终身学习理论和教育理论等理论的指导下，旨在促进教师工作潜能的开发和专业化水平的提高，实现学校、学生之间的共同发展，最终达到提高教育质量、促进教育发展的目标。我国的师资队伍建设在不断地更新进步，教师的素质水平也有整体的提高。

随着社会的发展，人权愈受尊重。自2009年联合国教科文组织提出"全纳教育"的概念后，全纳教育及融合教育的诉求越来越强烈，教育制度向机会均等和公平正义方向发展。同时，高质量的教师也是提高随班就读教育质量的关键所在，为了顺应时代发展，为了学生需要，进而出现了融合教育教师的师资培训。融合教育是一种新形式的特殊教育，是在普通学校安置残障儿童的教育措施，特殊教育教师在融合教育中负有指导工作，有资源教师、巡回指导教师等专业人员进行专业的指导[1]。但是，目前融合教育师资现状不太乐观，面临非特教专业背景居多、学历层次普遍偏低、专业素质普遍偏

---

[1] 余玉珍.香港融合教育政策下的教师专业发展[J].华南师范大学学报（社会科学版），2014（06）：44.

低的问题。1994 年国家教委颁布了《关于开展残疾儿童少年随班就读工作的试行办法》，首次对随班就读教师的要求、培训与考核方式等作了初步的规定[1]，之后我国关于随班就读教师教育的相关规定就很少了，且在具体操作中也没有得到落实。90 年代后期，我国开始了创建资源教室的尝试，近年来，开始对资源教师的角色、资格进行了逐步的探讨和规划[2]。由于我国融合教育师资培训起步较晚，师资质量不高，也没有相对完善的体系，所以提高融合教育师资质量势在必行，继续优化师资培训工作是十分必要的，不仅有利于提升融合教育教师的专业素养、教师理论与实践能力，还能提升特殊教育质量，促进融合教育发展[3]。融合教育师资培训是我国教师专业成长的重要途径，是人力资源优化的重要手段，已逐渐成为教师教育的重要内容。完善师资培训能加快中国特色社会主义教育事业的形成，推进中国教育的可持续发展[4]。

二、融合教育师资培训的常见问题

（一）师资水平不平衡，拉大地域差距

东西部经济水平的差距、城乡教育资源配置的失衡、教师编制制度偏向于城市、农村教师数量缺少等等原因导致师资力量出现了地域间的不平衡，城乡学校的融合教育师资状况普遍存在较大的差异，西部贫困落后地区在融合教师资源和物质资源上与中东部地区差距更为明显[5]。这种不平衡不仅体现

---

[1] 邓猛，赵梅菊.融合教育背景下我国高等教育师范院校特殊教育师资培养模式改革的思考 [J]. 教育学报，2013（06）:75.

[2] 刘慧丽.融合教育理念下资源教师角色的指导模式研究 [D]. 武汉：华中师范大学，2013.

[3] 邓猛，赵梅菊.融合教育背景下我国高等教育师范院校特殊教育师资培养模式改革的思考 [J]. 教育学报，2013（06）:76.

[4] 朱拥军.中小学师资培训研究综述 [J]. 人力资源管理，2011（04）:275-276.

[5] 张晨曦.我国中小学师资队伍建设存在的问题与对策研究 [J]. 河南科技学院学报，2014（04）:43.

在不同地域之间的不平衡，还有部属院校与省属院校之间的不平衡、专任教师与非专任教师之间的不平衡、专任教师中新教师与中老年教师之间的不平衡等方面。这些不平衡导致了在开展融合教育培训工作中出现失衡，优秀特殊教育人才都愿意涌入中东部和城市的优越教育资源中，而西部地区和农村地区相对就比较弱势，地域间的不平衡使师资力量的差距越来越大。

（二）培训模式单一，无法满足教师需要

各地开展的融合教育师资培训更侧重于专业理论知识的学习，而忽视了对教师教育理念、教育科学技能、职业道德的培养和实践能力的提高，不利于教师综合素质的提升。培训模式大多为满足多人统一培训的要求设计，培训次数较少，在场的教师混杂在一起，培训形式大多是专家讲教师听的模式，教师在培训过程中很缺乏自主性，不能体现不同类型学校、不同学科、不同职务教师的实际需要和差异性，不能适应教师培训需求多样化、个性化的要求[①]。各地培训经常以讲座形式进行，举办讲座不失为一种有效的培训方法，不过，纵观各种不胜枚举的讲座，我们会发现存在较多局限。有的不是教师不愿意听，而是讲座没有吸引力，对教师没有多大用处。时下流行的专家短期集中培训的模式，有时候会造成满堂灌，教师被讲得一头雾水，无法真正提出具体问题与专家研讨；讲座偏重理论学习，忽视实践训练，没有立足于一线教师在教学中真正的困惑和难题，很少有具体的教育教学方法和案例，不能即时帮助教师解决实际教学中遇到的难题[②]。培训模式的单一不能满足培训教师的需求，拓展融合教育师资培训形式，增加培训的吸引力很有必要。

---

① 杨光.浅析如何加强高校师资培训实效性[J].长春大学学报，2012（12）：1559.
② 张起英.浅析中小学师资培训现状[J].教育探索，1996（2）：75-76.

（三）缺乏完备的培训体系，培训机制保障不足

现阶段的融合教育师资培训缺乏对培训效果的评价及长期跟踪机制。师资培训工作需要在持续的总结、评估和摸索中不断提高培训效果和质量，因此，项目实施后的效果评估显得尤为重要。教师们在培训结束之后，对于培训内容是否合理、培训方式是否科学、参训教师能力是否切实得到提高等方面，没有全面的评价体系及长期跟踪机制，使得培训具有较大的盲目性[1]。目前参与融合教育师资培训的教师动力不足，培训者在为教师提供良好的组织管理和评价方面还有欠缺。培训者应创设能使教师勇往直前的平台，在组织管理及评价的严格性下突出某种规范性，如教师培训时应准时且积极，要结合自己的教学实例进行理论探讨；同时，对表现好的教师要给予及时反馈，如领导的肯定、获得一定的物质奖励等，以激励其更主动积极地参与培训。另外，融合教育缺少完善的保障机制，我国融合教育支持保障体系的欠缺大大限制了师资培养工作的开展。近年来，在北京、上海等融合教育发展水平较高的城市逐步建立起了市级及区级特殊教育中心，定期开展随班就读教师培训，建立巡回指导制度，以求最大限度地支持随班就读教师的专业发展，但相关的支持性服务仍需进一步加强和完善。

三、融合教育师资培训的常见形式

我国融合教育师资培训涉及的教育领域有学前教育师资培训和基础教育师资培训，以基础教育师资培训居多。大部分培训工作的开展依托于"国培""省培"。"国培计划"和"省培计划"由国家级培训和省级骨干教师培训组成，各地根据分配的培训任务，制订各年度培训计划，组织实施这两种基本培训。现有的"国培计划"采取脱产培训模式，尽管各地名称不同，但主体框架基本上都是由理论讲授、影子活动、返岗实践组成。"省培计划"是在

---

[1] 杨光. 浅析如何加强高校师资培训实效性[J]. 长春大学学报，2012（12）：1559.

各省市开展，包括中小学教师省级示范性培训项目和中小学教师地方培训项目两大类，前者包括中小学优秀教师境外培育研修项目和中小学幼儿园名师培育项目，后者包括中小学教师脱产研修、短期集中培训、远程培训、学前教育教师培训、农村中小学送教下乡五类项目。"国培计划"和"省培计划"是中国政府在教师队伍建设上提出的一项重大政策，我国大部分地区融合教育师资需要依托"国培"和"省培"来开展，在当前国家社会转型和经济发展水平地区差异巨大的现实背景下提出这项政策，具有重要的多元价值。

在我国北京、上海等融合教育发展水平相对较高的城市，逐步建立起了市级及区级特殊教育中心，已经广泛开展了融合教育师资培训工作，培训形式主要为短期集中培训，由高校特殊教育专家或研究者就特殊教育领域的相关知识和理论进行讲座。

第二节 师资培训的实践探索

一、教师培训工作的工作思路

《特殊教育提升计划（2014—2016年）》提出"研究建立特殊教育教师专业证书制度，逐步实行特殊教育教师持证上岗。制订特殊教育学校教师专业标准。推动地方确定随班就读教师、送教上门指导教师和康复训练人员等的岗位条件"。《北京市残疾儿童少年随班就读工作管理办法》提出区县特殊教育中心主要职能包括开展资源教师的培训并组织开展全员随班就读教师专业培训，同时要求"创新分层、分类以及有针对性注重需求的培训方式，不断提高随班就读干部教师的专业化水平"。海淀区自"十二五"开始将特殊教育教师培训纳入全区教师继续教育体系，并且在新任教师培训中加入了特殊教育培训。据此，海淀区特教中心形成了"分类要求、分层指导"的培训模式，开展资源教师专项培训，要求所有资源教师持证上岗；开办资源教师技能提升研修班，提升资源教师的专业素养；实行融合教育全员培训，普及融合教育基础知识；举办普通学校特殊教育主管领导专题研修班，为各校随班就读支持保障体系的建立奠定基础；推进巡回指导教师、送教上门教师和特教学校教师的专项培训，全面提升教师的专业化水平。在此重点介绍资源教师、资源教师技能提升及融合教育全员培训三个项目。

二、资源教师专项培训

1. 项目实施的背景

《北京市关于进一步加强随班就读工作的意见》提出"加强随班就读师资队伍建设，提高专业化水平"，为落实文件精神，海淀区要求资源教师持证上岗。因此，自 2012 年开始，区特教中心启动了"资源教师专项培训"项目。

2. 课程设计

资源教师专项培训设计了"资源教师专项培训课程"。2013 年专项培训课程内容如下：

表 1 2013 年资源教师专项培训课程内容

序号	主题
1	残疾儿童教育发展状况及随班就读的发展与管理
2	资源教室的管理与运作
3	课堂上的特殊儿童
4	认识孤独症儿童
5	感觉统合的理论与实践
6	个别化教育计划的制订
7	孤独症儿童心理特征
8	图片沟通系统及操作

续表

序号	主题
9	特教研究方法
10	适应性行为评估
11	特殊儿童的心理、特征
12	语言障碍专题培训（1天半）
13	箱庭治疗

在第一期和第二期培训的基础上对课程进行了进一步的整合与调整，第三期课程设计如下：

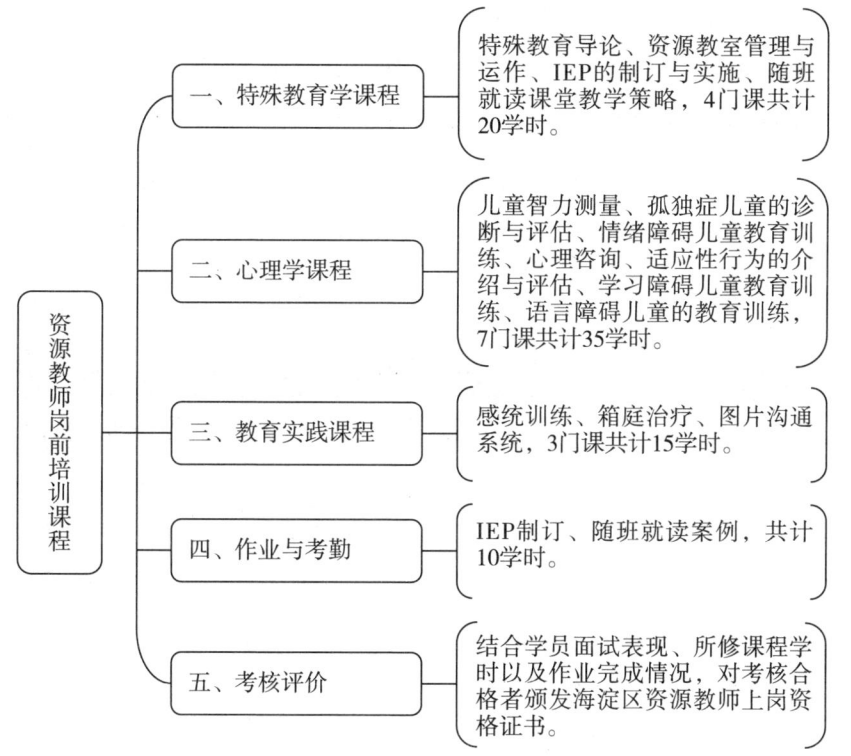

图1 资源教师岗前培训课程模块

在第四期课程中，更是加入了教育实习的环节，通过课堂观摩、集体备课、个人上课的形式进行了一对一康复训练课程的设计与实践。

3. 培训效果

2013年11月27日，第二批培训工作结束。我们对参训教师进行了问卷调查，当天出勤教师43人，发放问卷43份，回收37份，回收率86%。我们根据经验将资源教室工作划分为7个部分：教育诊断与评估、选编教材、运用多样化的教学方法、制订和运用IEP、在课余时间上课、康复训练、为普通教师和家长提供咨询。调查结果显示：10人（27%）认为目前可以胜任教育诊断与评估工作，8人（21.6%）认为可以胜任选编教材的工作，12人（32.4%）认为自己可以运用多样化的教学方法，14人（37.8%）认为自己可以制订和运用IEP，25人（67.6%）认为自己可以课余时间在资源教室上课，6人（16.2%）认为自己可以进行康复训练，26人（70.3%）认为自己可以为普通教师和家长提供咨询，有1人认为自己尚且不能胜任资源教室里的各项工作，需要继续培训。数据结果表明，通过培训，部分教师认为自己能够胜任其中的一项或几项工作，对于专业要求较高的工作内容，教师们缺乏专业自信，根据现有的培训尚不认为自己能够胜任资源教室里的各项工作。

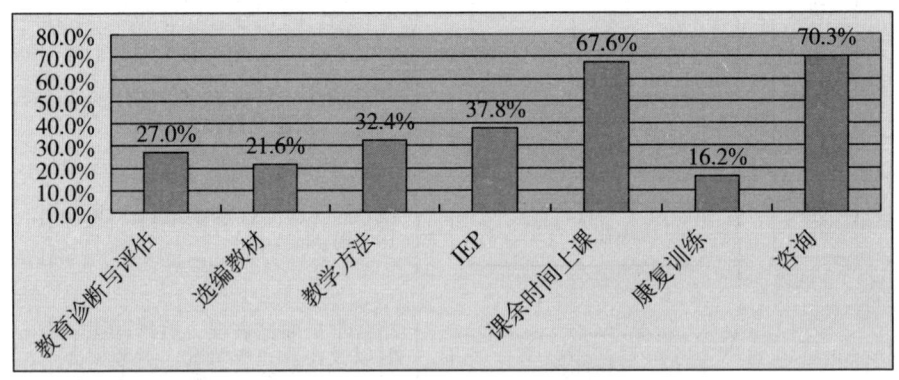

图2　能够胜任资源教室不同工作内容的教师人数所占百分比（N=37）

在调查中，22人（59.5%）认为还需要诊断与评估技能培训，23人（62.2%）需个别化教学方法培训，28人（75.7%）需行为矫正技术培训，14人（37.8%）需特教教具制作培训，24人（64.9%）需语训方法培训，23人

（62.2%）需康复训练方法培训，14人（37.8%）需IEP方面的培训，10人（27%）需与家长沟通技巧培训，8人（21.6%）需班级管理方法培训。教师们仍需要多方面的支持与培训，仍需要对已取得证书的资源教师开展进一步的专业培训。

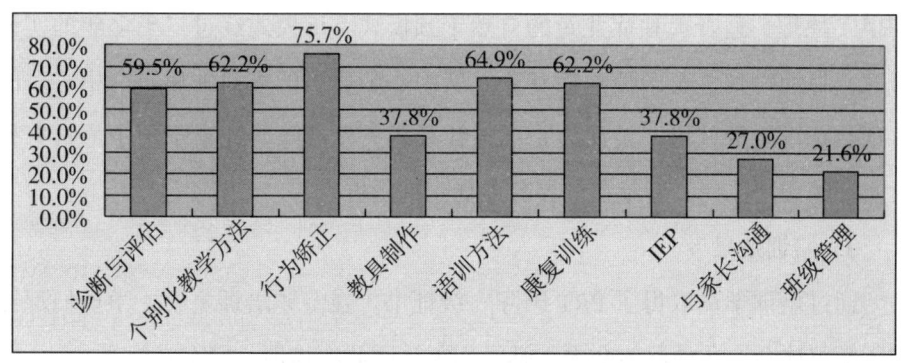

图3　教师们希望进一步加强的培训内容（N=37）

最后，我们通过问卷以及访谈收集了教师的建议共33条，其中90%以上的教师希望增加"操作"与"实践"类的课程，如希望"了解不同类型学生的课在资源教室怎么教学""成功案例分析""现场观摩""班级实践""实习"等；也有教师对培训模式给出了建议，希望"做一些系统的培训，对一个课题长期深入探讨、培训、讲解""根据受训教师的基础、不同起点，分层次、有针对性开展培训"。

三、资源教师技能提升研修班

1. 项目实施的背景

2011—2013年，两期资源教师专项培训共计有97名教师取得资源教师资格证书。2014年，为了满足资源教师的需求，进一步提升资源教师的专业技能，区特教中心开办了"资源教师技能提升研修班"，中小学共有50余名资源教师报名参加培训。

2. 课程设计

课程设置上，第一期研修班共分三个专题，PRT专题、学习障碍专题以及动作训练专题。在执行中开展了两个专题的培训，PRT和学习障碍专题。PRT（关键反应训练）是一套基于应用行为分析（Applied Behavior Analysis，ABA）原理、适合孤独症儿童的自然干预模式。该模式经过三十多年的实证研究，目前得到了美国孤独症专业发展中心和美国国家孤独症研究中心"国家项目标准"的认可，被认为是孤独症及相关发展障碍儿童干预中最具有科学实证的方法之一，近年在世界各地受到推崇推广。

3. 培训效果

通过培训学员取得了PRT国际一级证书。在专题培训之后，学员们都提交了学习体会。在学习体会中，学员们很认同此次培训，满意度很高。

——"此次培训对自己的技能提升有很大帮助，受益匪浅，体会颇深。"（花园村二小刘老师）

——"这次大师的讲座让我产生了文化自信，也给我指明了更加精准的研究方向。"（育英学校刘老师）

——"短短两天的学习，聆听了美国专家原汁原味的精彩授课。两位专家从多个方面讲PRT，强化、干预、食物、概念特点、干预方法等，使我对孤独症有了更新、更深和更全面的认识。"（培星小学陈老师）

——"三天学习时间很短暂，不能让我们清楚准确地学习到更多的知识，但是恰恰是一种理念的获得会在日后的工作中指引我们的行为，不断地思考探究，寻找适合于中国国情的孤独症教育的方法，为中国的广大孤独症家庭带来更多的福音。"（首师大附小王老师）

——"这次参加资源教师技能提升研修（孤独症儿童）——关键反应训练学习，对这个领域的知识有了更深入的了解，实际指导技能有了一些提高。"（人大附中附属实验小学李老师）

——"以往的培训，我们了解了孤独症孩子的一些行为特征，比如刻板、鹦鹉学舌、对某事物非常痴迷、被动、只能按别人的要求做事，某些方面能力很差，有些方面能力又超常，行为有些异常等，也深切体会到作为孤独症家长的艰辛生存状况和痛苦挣扎的复杂心路历程，但对孤独症却束手无策。因为我们知道孤独症的诊断不难，难的是康复训练。通过这三天的培训，理论结合实操，让参与者能够学以致用，也使我对孤独症的康复策略深感兴趣。"（人大附中附属实验小学龙老师）

四、融合教育全员培训

1. 项目实施的背景

在前期随班就读教师培训的调研中，部分教师反映没有时间参加培训，还有部分教师多次参加同一类型的培训。针对随班就读教师主要是通识培训，需要广泛的参与面。为了让更多教师有机会参加学习，2015年，区特教中心对随班就读教师培训模式进行了调整，在大范围集中培训的基础上，将培训送进学区，采用学区协作体式开展随班就读教师培训。截至2016年底，区特教中心已走进学区、学校开展了十余场培训。

2. 课程设计

课程主要聚焦在"融合教育的政策""课堂中的特殊教育需要的孩子""个别化教育计划的制订""差异教学"这几个主题。政策方面主要介绍《北京市融合教育行动计划》《残疾人权利国际公约》《联合国残疾人权利公约》，通过法律法规强调残疾人的教育权利。分析课堂上的特殊教育需要学生，从接纳的态度、融合的机会、家校的配合与特教服务的支持四个方面介绍如何帮助课堂上的特殊学生，让教师们认识并初步掌握个别化教育计划制订和差异教学策略。

3. 培训效果

2016 年 1 月 28 日培训后，区特教中心开展了满意度调研，回收问卷 82 份，其中所有教师在"我对此次培训很满意"选项上给出了"5"的评分，"5"表示参训教师完全同意此观点。在建议中，有教师提出"希望得到上级或专家们对个案的帮助""希望培训教师可以到学校更有针对性地授课"等。

五、师资培训工作的亮点

1. 制定政策，加强督导

特教中心与教委、教师进修学校共同制定了《关于将特殊教育培训纳入教师继续教育工作的意见》等系列管理文件，明确要求将特殊教育培训纳入教师继续教育培训计划，并将普通中小学随班就读教师的技术培训纳入教师继续教育学分当中，为提高海淀区特殊教育教师专业水平提供保障。

2. 立足现实，研究需求

在特教师资培训开展之前，特教中心细致调查教师职业认知水平、思想状况、教师个人发展目标、专业化水平。在培训过程中重视需求评估、课程评估、效果评估，及时调整培训内容、形式、策略。在一个培训阶段结束之后，特教中心进行总结、反思及新的需求调研，从课程的设计上最大限度保障培训的针对性。2013 年，资源教师专项培训加入终期考核；2014 年，专项培训引入教育实习环节。

3. 分类要求，分层指导

针对中层领导干部、随班就读教师、资源教师、特教教师开设不同的培训课程。根据教师的需求开发了几个模块课程，分别是"资源教师专项培训课程""融合教育全员培训课程""孤独症课程""语言障碍课程"。其中"资源教师专项培训课程"为资源教师岗前培训，"融合教育全员培训课程"主要面向随班就读教师，"孤独症课程"和"语言障碍儿童课程"面向有需求的随班就读教师和资源教师。

在课程设计及课程内容的选择上，我们根据对象进行课程调整，主要采取两种调整方式：第一，"同一模块，不同内容"。如"融合教育全员培训课程模块"，针对随班就读教师，课程内容主要是特殊儿童认识、差异教学等；针对特教干部，内容上则偏重于特殊教育及随班就读政策解读。第二，"同一模块，不同课时"。如"语言障碍儿童课程模块"，针对随班就读教师，课程为20课时；针对资源教师，课时更长。

4. 及时总结，完善体系

师资培训建立了完善的工作体系，形成了特教教师培训"三个体系，一个支撑"工作格局，即"多维"基础保障体系、"三级"质量监控体系、"模块化"课程体系和"教科研"支撑。

"多维"基础保障体系，指海淀区由组织机构、政策制度、奖励机制等方面组成的基础保障。

"三级"质量监控体系中，特教中心通过培训前的需求调研、培训中的随访反馈和培训后的考核评价，实施过程管理，确保培训效果。区教委、特教中心通过特教教师基本功考核、资源教室评估、学员交流研讨、颁发结业证书等方式监控培训质量。督导部门将特教培训工作、学校残疾儿童特殊教育的落实情况列入学校督导的重要内容。

"模块化"课程体系，是根据北京市特教中心要求，结合海淀区教职工的岗位分类和专任教师阶段性发展所应具备的专业素质进行模块化设计，形成了"资源教师专项培训课程模块""融合教育全员培训课程模块""孤独症课程模块""语言障碍儿童课程模块"。

"一个支撑"，指教科研的支撑作用。我们成立了教研组，通过随班就读课堂研究活动，提高课堂教学的实效。同时，加强课题引领，将骨干资源教师引入课题团队中，以课题研究为抓手，促进资源教师的专业成长。

第七章 巡回指导的效果

第一节 巡回指导的评价与社会影响

一、学校评价

2014年,我们对区域内普通中小学校进行了调查。当时,海淀区有随班就读学生的普通中小学校共142所,95所参与了问卷调查。问卷主要由四个部分组成:第一部分是基本信息,包括随班就读学生人数、障碍类型、有无资源教室、有无资源教师、有没有接受巡回指导;第二部分是教师对巡回指导工作内容的调查;第三部分是学校对巡回指导工作的评分,主要由8个项目组成;第四部分是开放题,征求学校对巡回指导工作的意见和建议。前面两个部分的分析参考本书第一章第三节。

(一)学校对巡回指导的总体评价

调查要求各校随班就读工作主管领导对下列的陈述进行5级评分,其中"5"代表"非常同意","1"代表"非常不同意"。

表1 普校对巡回指导效果评分(N=60)

项目	平均数
1. 巡回指导促进了我校随班就读工作的开展。	4.45
2. 巡回指导促进了我校教师对学生的认识。	4.25

续表

项目	平均数
3. 巡回指导解决了随班就读教师的困扰。	3.95
4. 巡回指导提升了我校随班就读教师的专业化水平。	4.03
5. 巡回指导加深了我们对随班就读政策的了解。	4.48
6. 巡回指导能够满足我校随班就读学生的需求。	3.75
7. 我对特教中心巡回指导工作很满意。	4.45

由表1可知,在巡回指导工作的开展加深了各校对随班就读政策的了解上各校的认同度最高,其次是认为巡回指导促进了随班就读工作的开展;在满足随班就读学生的需求和解决了随班就读教师的困扰两项上的评分最低,低于4;对于特教中心巡回指导工作整体上满意,平均评分在4.45。由此可见,各校认为巡回指导教师工作最大的帮助在于促进了学校对政策的了解。

对评分进行进一步分析,评分1-2归为负向评分,4-5归为正向评分。

表2 普校对巡回指导效果的满意度(N=60)

项目	评分	数量	百分比(%)
1. 巡回指导促进了我校随班就读工作的开展。	正向	49	81.7
	负向	4	6.7
2. 巡回指导促进了我校教师对学生的认识。	正向	46	76.7
	负向	5	8.3
3. 巡回指导解决了随班就读教师的困扰。	正向	44	73.4
	负向	6	10.0
4. 巡回指导提升了我校随班就读教师的专业化水平。	正向	43	71.7
	负向	5	8.3
5. 巡回指导加深了我们对随班就读政策的了解。	正向	52	86.6
	负向	3	5.0
6. 巡回指导能够满足我校随班就读学生的需求。	正向	40	66.7
	负向	11	18.3
7. 我对特教中心巡回指导工作很满意。	正向	51	85.0
	负向	3	5.0

从表 2 中看出，85% 接受巡回指导的学校对巡回指导工作满意，在接受巡回指导的 60 所学校中有 11 所学校（占 18.3%）认为目前巡回指导不能满足学校随班就读学生的需求。

60 所学校中有 40 所建有资源教室，因此对资源教室指导的评分单独统计，在对资源教室指导的满意度评分中有 31 所学校给出了正向的评分，占 77.5%。

（二）巡回指导多、联系多学校与巡回指导少、联系少的学校评分差异

从回收的问卷中发现，巡回指导频次差异性较大，最多每学期 10 次，最少两年 1 次，还有一些学校只写了次数，没有说明时间跨度，也有学校写的是"有需要随时联系，有必要到校现场指导再约时间"。鉴于此，我们请特教中心专职巡回指导教师根据巡回指导记录对学校进行高低分分组，高分组代表巡回指导教师经常去、联系多的学校，低分组代表巡回指导教师较少去、联系少的学校，根据分组进行独立样本 T 检验。

表 3 高、低分组学校评分总分差异（N=60）

	平均数	标准差	T 值
高分组	32.11	3.053	3.121**
低分组	28.10	6.891	

注：总分即七项评分的汇总，由于资源教室并不是每个学校都建有，所以对资源教室的评分没有纳入统计。** 表示在 0.01 水平上达到显著差异

由表 3 可知，接受巡回指导较多、联系较多的学校对于巡回指导工作的整体评分显著高于巡回指导少、联系少的学校。

表 4 高、低分组学校各项评分差异（N=60）

	高分组		低分组		
	平均数	标准差	平均数	标准差	T 值
巡回指导促进了我校随班就读工作的开展。	4.89	0.315	4.22	1.135	3.399**

续表

	高分组		低分组		
	平均数	标准差	平均数	标准差	T值
巡回指导促进了我校教师对学生的认识。	4.58	0.692	4.10	1.091	1.761
巡回指导解决了随班就读教师的困扰。	4.47	0.697	3.71	1.167	2.654*
巡回指导提升了我校随班就读教师的专业化水平。	4.37	1.012	3.88	1.144	1.599
巡回指导加深了我们对随班就读政策的了解。	4.79	0.419	4.34	1.039	2.375*
巡回指导能够满足我校随班就读学生的需求。	4.11	1.049	3.59	1.341	1.630
我对特教中心巡回指导工作很满意。	4.89	0.315	4.24	1.044	3.650**

注：** 表示在 0.01 水平上达到显著差异；* 表示在 0.05 水平上达到显著差异

由表 4 可知，两组学校在各项的评分上也存在差异，在对特教中心巡回指导工作满意度的评分上存在极其显著的差异，在第一项"巡回指导促进了我校随班就读工作的开展"评分上存在极其显著差异，在"巡回指导解决了随班就读教师的困扰"和"巡回指导加深了我们对随班就读政策的了解"两项评分上存在显著差异。

（三）总结

在美国，巡回指导模式已经开展了近 40 年，但是关于巡回指导有效性的研究尚未开展[1]。在国内，自 1987 年开始随班就读试验算起，随班就读工作的历史尚不足三十年，巡回指导工作发展更晚，关于巡回指导效果的研究也没有开展。

---

[1] J. L. Luckner, Ayantoye C. Itinerant Teachers of Students Who Are Deaf or Hard of Hearing: Practices and Preparation[J]. Journal Of Deaf Studies And Deaf Education, 2013, 18 (03) :409-423.

本研究中，参与调查的 95 所学校中有 60 所接受巡回指导服务，巡回指导覆盖率 63.2%，有待进一步提高。本调查结果表明 85% 接受巡回指导的学校对巡回指导工作满意，学校广泛认同的是通过巡回指导促进了政策的宣传，同时也有近 20% 学校认为目前的巡回指导不能满足学生的需求；巡回指导多、联系多的学校对巡回指导的总体评分极其显著高于巡回指导少、联系少的学校。从学校的意见和建议中也可以看出，巡回指导教师还不能满足各校的需求，学校希望从学生的评估、训练到家长的咨询，从课堂教学、资源教室建设到师资培训等方面加大指导的力度和频次。巡回指导覆盖率还有待提高，学校对巡回指导的需求大，这些都需要有一定数量的巡回指导教师队伍来完成。《北京市残疾儿童少年随班就读工作管理办法》提出"每 10 所接收随班就读学生的学校配备 1 名巡回指导教师"的标准，按照这个标准，海淀区至少需要 14 名专、兼职的巡回指导教师，巡回指导教师数量还存在一定的缺口，需要培养更多的巡回指导教师。巡回指导教师如何培养？核心素养是什么？这些都需要进一步研究。

二、巡回指导的实践影响

（一）惠及海淀区随班就读学校教师与学生

从 2012 年开始，海淀区特教中心巡回指导教师对普通中小学及幼儿园中特殊教育需要学生进行咨询和筛查评估。五年来，巡回指导教师总计指导学校 111 所，筛查学生 589 人，评估学生 283 人，召开区级个案研讨会 90 余次，直接干预学生 110 余人。巡回指导教师依据评估结果为每位学生撰写分析报告，提出教育教学与康复训练的建议。在书中第三章完整呈现了对随班就读学生 L 的干预案例，通过系统的干预研究，效果显著。

（二）影响海淀区融合教育政策的制定

在巡回指导中，特教中心发现学校对学生需要申请专业支持的标准难以把握。为了更好地指导学校及教师，同时也在过程中帮助学校及教师进一步了解学生，海淀区教委在2015年12月的《关于进一步加强融合教育工作的指导意见》中提出学校要启动特殊教育预警机制，要详细了解学生的生长发育史、受教育情况、家庭教育等情况，要对个案的情绪行为进行观察记录。此外还提到"如有未经医院诊断，但难以融入集体活动、有极端情绪行为问题的学生，经学校申请、家长同意，须由海淀区特殊教育管理中心评估，确认为特殊教育需求学生"。在入学安置部分，为保障每一位学生都能得到合适的教育，海淀区特教中心草拟了《关于海淀区残疾儿童少年入学安置的意见》，规范了入学安置的措施。

（三）促进社会对融合教育的关注

自"十二五"以来，海淀区融合教育开展得如火如荼，特教中心为上百所中小学、幼儿园的师生提供服务，取得了良好的社会反响。2015年10月9日和2015年11月23日，《人民日报》先后以"融合教育覆盖140余所中小学"和"融合教育向好，彰显办学特色"为题，进行了两次报道。报道中提及"海淀区累计筛查学生486人，为200名学生提供了评估和制订方案服务，为136名学生进行了康复训练"。同时，特教中心也培养了一批优秀的融合教育教师，农大附中杨晓粉老师为随班就读学生进行了多方的干预，取得了很好的效果，当选"感动海淀人物"。这都是巡回指导带来的社会效益。

第二节　巡回指导的作用效果与未来方向

融合教育自发端以来，受到很多国家的重视，并逐渐成为国际特殊教育发展的主流趋势。1994年联合国教科文组织在萨拉曼卡市召开的"世界特殊教育大会"上明确了融合教育的方针，进一步加深了融合教育在全球范围内的影响。我国于2014年提出的《特殊教育提升计划（2014—2016）》明确规定："全面推进全纳教育，使每一个残疾孩子都能接受合适的教育。"北京市海淀区是首都的教育大区，于2004年首次提出"融合教育"的概念，要求学校为所有特殊学生提供适当的教育环境[1]。根据布朗芬布伦纳的生态系统理论，儿童的发展是与生态环境互相作用的结果，学校直接作用于学生的微观系统，对学生的发展具有重要作用[2]，因此，学校的融合教育环境对身处其中的随班就读学生具有重要影响。Booth也曾将学校的融合环境作为衡量融合教育发展的重要指标[3]，学校融合环境的建设情况也是巡回指导效果的重要体现。

有研究者将学校融合环境分为物质环境、人文环境和人际环境三个方面，后两方面称为学校的融合氛围，其中人文环境集中体现在学校融合教育管理和师生对特殊学生的态度上；人际环境主要包括同伴关系、师生关系和家校关系[4][5]。邓猛指出，态度与信念、课程与教学以及支持体系都是融合教育的核心要素[6]。林坤灿在北京市特殊教育中心举办的《融合教育推动与落实方案》培训会中将学校融合环境划分为学校师生接纳与关怀、学校课程与教学调整、学校资源与支持系统、无障碍环境与辅助科技四个维度[7]。由此看出，普通学校融合环境基本上涵盖了态度与信念、课程与教学、支持性资源和无障碍环境及辅具等方面的内容。以往研究发现，特殊学生所在班级的氛围较好，但是学校总体融合氛围较差，因为大多数非随班就读教师并不能接纳特殊学生[8]；但是其他研究结果则表明，学校基

---

[1] 王红霞，彭欣，王艳杰.北京市海淀区小学融合教育现状调查研究报告[J].中国特殊教育，2011（04）:37-41.

[2] Bronfenbrenner U. The ecology of human development :Experiments by nature and design[M]. Cambridge，MA :Harvard University Press, 1979.

[3] Booth T., Ainscow M. Index for Inclusion-developing learning and participation in schools[M]. Centre for Studies on Inclusive Education, 2002:42-54.

[4] 钱丽霞，江小英.对我国随班就读发展现状评价的问卷调查报告[J].中国特殊教育，2004（05）:1-5.

[5] 朱楠，赵小红，刘艳虹.随班就读学校氛围案例研究[J].中国特殊教育，2009（03）:24-28.

[6] 邓猛.全纳教育的基本要素与分析框架的探索[J].教育研究与实验，2007（02）:43-47.

[7] 2015年北京市特殊教育中心举办的融合教育师资培训会内部资料.

[8] 钱丽霞，江小英.对我国随班就读发展现状评价的问卷调查报告[J].中国特殊教育，2004（05）:1-5.

本形成了良好的融合氛围,也有部分教师对特殊学生随班就读持消极态度[1]。以往关于普通学校融合环境的结论尚未达成一致,海淀区近年来在巡回指导方面开展了大量的实践。2016 年,区域特殊教育研究与指导中心成立,海淀区融合教育也进入了新的阶段。本研究希望通过对学校融合环境的基本调查,分析影响融合环境的因素,一方面了解前期巡回指导的效果,另一方面在调查的基础上提出促进融合环境发展的建议,并最终推动海淀区融合教育质量的提升。

一、研究方法

(一)研究对象

2015 年 11 月,研究者对北京市海淀区普通中小学融合教育学校环境进行了调查,研究对象为北京市海淀区普通中小学融合教育主管领导。本次调查共计发放问卷 96 份,有效回收 90 份,回收率为 93.75%。此次参与调查的学校共 90 所,其中小学 59 所,中学 31 所;建有资源教室的学校 46 所,未建资源教室的学校 44 所。

(二)研究工具

本研究采用《普通中小学融合教育环境调查问卷》进行试测。问卷共包括两个部分:第一部分为调查对象的基本信息;第二部分为正式问卷,包括 32 个题项,由四个维度构成,即学校师生接纳与关怀、学校课程与教学调整、学校资源与支持系统、无障碍环境与辅助科技,问卷采用里克特 7 点量表的形式,每个题项都对应从"不符合"到"完全符合"7 个等级。

问卷的编制参考了以往关于融合教育环境的相关研究[2][3],依据北京市融合教育发展的现状[4],并主要借鉴了台湾林坤灿教授的《融合教育实施现况调

---

[1] 马红英,谭和平. 上海市随班就读教师现状调查 [J]. 中国特殊教育,2010(01):60-63,82.
[2] 钱丽霞,江小英. 对我国随班就读发展现状评价的问卷调查报告 [J]. 中国特殊教育,2004(05):1-5.
[3] 朱楠,赵小红,刘艳虹. 随班就读学校氛围案例研究 [J]. 中国特殊教育,2009(03):24-28.
[4] 王红霞,彭欣,王艳杰. 北京市海淀区小学融合教育现状调查研究报告 [J]. 中国特殊教育,2011(04):37-41.

查表》，形成最终版的《普通中小学融合教育环境调查问卷》。问卷通过北京市海淀区行政办公网发放，各校将填好的问卷打印并盖章后返还给海淀区特殊教育研究与指导中心。

（三）数据分析

本研究采用spss19.0对回收的数据进行描述统计和推断统计。首先对学校融合教育环境各个维度的平均分和标准差进行描述，从而得出学校融合教育环境在各个方面的整体发展情况，在此基础上了解特教中心近年来巡回指导的作用效果。其次，对各维度中每个题项的平均分与标准差予以描述，从而详细了解学校融合教育环境在具体题项上的表现。最后，对学校融合教育环境各维度及总体平均分进行独立样本t检验，从而分析出影响学校融合教育环境的因素，为今后巡回指导提供方向。

二、研究结果

（一）学校融合教育环境整体发展情况

由表1可以看出，在学校融合教育环境各维度中，师生接纳与关怀平均得分最高，达到6.60分，表明学校的融合氛围较好；其次是无障碍环境与辅助科技，达到5.91分，说明学校的物质环境建设相对较好。而学校资源与支持系统，以及学校课程与教学调整得分则相对偏低。

表1 学校融合教育环境整体情况（N=90）

维度	平均分	标准差
学校师生接纳与关怀	6.60	0.50
学校课程与教学调整	5.88	0.97
学校资源与支持系统	5.87	1.02
无障碍环境与辅助科技	5.91	1.13

（二）学校融合教育环境具体发展情况

1. 学校师生接纳与关怀

由表 2 可以看出，在学校师生接纳与关怀维度上，"随班就读学生有公平参与班级或学校各项活动的机会"项目平均得分最高，达到 6.78 分；其次是"教师会争取学生家长对随班就读学生的接纳"，达到 6.76 分。而"多数同学会主动与随班就读学生互动"项目平均得分最低，为 6.42 分。总体而言，教师对随班就读学生的接纳与关怀得分要高于同班同学对随班就读学生的接纳与关怀得分。

表 2　学校师生接纳与关怀维度各项目得分（N=90）

项目	平均分	标准差
1. 教师会提供随班就读学生课堂学习及表现的机会	6.61	0.65
2. 教师会适时与随班就读学生互动	6.53	0.78
3. 教师会持续关心并改善随班就读学生的班级适应情形	6.58	0.67
4. 教师会争取学生家长对随班就读学生的接纳	6.76	0.58
5. 多数同学会协助促进随班就读学生在班级中的适应情形	6.64	0.61
6. 多数同学会主动与随班就读学生互动	6.42	0.81
7. 多数同学会主动协助随班就读学生	6.48	0.81
8. 随班就读学生有公平参与班级或学校各项活动的机会	6.78	0.49

2. 学校课程与教学调整

由表 3 可以看出，学校课程与教学调整维度整体得分不高，其中"教师能营造随班就读学生与一般学生融洽相处的班级气氛"项目平均得分最高，达到 6.64 分；其次是"教师能针对随班就读学生之问题行为采取适当介入方法"，达到 6.30 分。而"教师会依随班就读学生学习需求调整课程内容"平均得分最低，仅有 5.34 分；"教师会依随班就读学生状况调整课堂教学策略"得分也相对较低，仅有 5.43 分。

表 3　学校课程与教学调整维度各项目得分（N=90）

项目	平均分	标准差
1. 教师会依随班就读学生学习需求调整课程内容	5.34	1.50
2. 教师会依随班就读学生状况调整课堂教学策略	5.43	1.39
3. 教师会依随班就读学生需求实施弹性上课方式（如个别指导或分组教学）	5.63	1.60
4. 教师会用各种教学材料协助随班就读学生学习	5.83	1.35
5. 教师会依随班就读学生学习状况适度调整作业难度与分量	6.08	1.36
6. 教师会依随班就读学生状况教导其学习策略	6.09	1.21
7. 教师会依随班就读学生需求调整教学情境	5.68	1.24
8. 教师会采用适合学生身心障碍状况的多元评量方式	6.07	1.11
9. 教师能营造随班就读学生与一般学生融洽相处的班级气氛	6.64	0.62
10. 教师能针对随班就读学生之问题行为采取适当介入方法	6.30	0.92

3. 学校资源与支持系统

由表 4 可以看出，在学校资源与支持系统维度上，"学校会鼓励行政人员及教师参加特殊教育培训"项目平均得分最高，达到 6.54 分，表明学校对教师培训普遍较为重视；其次是"学校提供教师所需要的特殊教育咨询渠道"，达到 6.18 分。而"随班就读学生的任课教师会获得学校特教教材教法的资源或支持"项目平均分最低，仅有 5.38 分；"学校定期开展特殊教育教研与培训"得分相对较低，为 5.47 分。说明校外培训、校内信息支持与人际支持得分较高，而专业资源的开发程度较低，资源和支持系统发展不均衡。

表 4　学校资源与支持系统维度各项目得分（N=90）

项目	平均分	标准差
1. 学校会提供全体教师特殊教育相关信息	6.16	1.08
2. 学校会提供教师所需要的特殊教育咨询渠道（如政策咨询、教学协助等）	6.18	1.09
3. 学校会鼓励行政人员及教师参加特殊教育培训	6.54	0.86
4. 学校定期开展特殊教育教研与培训	5.47	1.42

续表

项目	平均分	标准差
5. 学校会主动举行定期或不定期的与特教或随班就读相关的会议	5.50	1.49
6. 随班就读学生的任课教师会获得学校特教教材教法的资源或支持	5.38	1.60
7. 随班就读学生的任课教师会获得学校或同事的协助（如人力、经费或相关资源）	6.03	1.28
8. 学校能整合校内外资源（如巡回指导教师、家长及相关专业人士等）提供随班就读学生、任课教师或家长所需的支持	5.87	1.30

4. 无障碍环境与辅助科技

由表 5 可以看出，在无障碍环境与辅助科技维度上，"学校能依据随班就读学生个别需求主动调整学校环境"项目平均得分最高，达到 6.19 分；其次是"教室空间使用与各类设施能增进随班就读学生学习及与同学的互动"，为 6.13 分，表明学校的物理环境发展较好。"学校能提供或协助申请随班就读学生所必需的辅助科技"项目平均得分最低，仅为 5.38 分；其次是"学校能提供符合随班就读学生学习所需的学习设备与资源"，为 5.78 分，说明学校融合环境中的科技与学习设备发展较为落后。

表 5　无障碍环境与辅助科技维度各项得分（N=90）

项目	平均分	标准差
1. 学校能依据随班就读学生个别需求主动调整学校环境（如针对肢障学生调整教室位置等）	6.19	1.31
2. 校园路线设计能考虑随班就读学生之行动需求	6.02	1.46
3. 学校无障碍设施（如厕所、楼梯、斜坡道等）符合随班就读学生的需求	6.02	1.41
4. 教室空间使用与各类设施能增进随班就读学生学习及与同学的互动	6.13	1.38
5. 学校能提供符合随班就读学生学习所需的学习设备与资源	5.78	1.60
6. 学校能提供或协助申请随班就读学生所必需的辅助科技（如辅助科技设备之评估、提供、调整等服务）	5.38	1.84

(三)学校融合教育环境的影响因素

1. 学校类型对融合教育环境的影响

表6 不同类型学校融合教育环境的差异比较(N=90)

维度	平均分		标准差		t
	小学	中学	小学	中学	
学校师生接纳与关怀	6.60	6.57	0.49	0.52	0.26
学校课程与教学调整	5.87	5.91	1.02	0.89	−0.16
学校资源与支持系统	5.89	5.83	0.99	1.08	0.24
无障碍环境与辅助科技	5.86	6.00	1.10	1.22	−0.54
学校融合教育环境	6.08	6.09	0.73	0.72	−0.08

对不同类型学校的融合教育环境的总体平均分和各维度平均得分进行独立样本t检验,结果表明,中小学的融合教育环境总体平均分不存在显著差异($t=-0.08$,$p>0.05$),并且在学校师生接纳与关怀($t=0.26$,$p>0.05$)、学校课程与教学调整($t=-0.16$,$p>0.05$)、学校资源与支持系统($t=0.24$,$p>0.05$)、无障碍环境与辅助科技($t=-0.54$,$p>0.05$)也不存在显著差异。但是,小学在"学校师生接纳与关怀"以及"学校资源与支持系统"上平均得分要略高于中学;而中学在"学校课程与教学调整"和"无障碍环境与辅助科技"维度上平均得分要略高于小学。中小学差异在一定程度上为今后巡回指导的侧重点提供了方向。

2. 资源教室设置对学校融合教育环境的影响

表7 资源教室设置对学校融合教育环境影响的差异比较(N=90)

维度	平均分		标准差		t
	有	无	有	无	
学校师生接纳与关怀	6.55	6.63	0.52	0.49	−0.72
学校课程与教学调整	5.91	5.85	0.90	1.06	0.29

续表

维度	平均分		标准差		t
	有	无	有	无	
学校资源与支持系统	6.02	5.70	1.01	1.01	1.51
无障碍环境与辅助科技	6.20	5.61	0.94	1.23	2.52*
学校融合教育环境	6.19	5.97	0.64	0.79	1.40

注：*表示在 0.05 水平上存在显著差异

对资源教室设置对学校的融合教育环境影响的总体平均分与各维度平均分进行独立样本 t 检验，结果表明，有资源教室与无资源教室的学校在融合教育环境总体得分上并不存在显著差异（$t=1.40$，$p > 0.05$），同理，在学校师生接纳与关怀（$t=-0.72$，$p > 0.05$）、学校课程与教学调整（$t=0.29$，$p > 0.05$）、学校资源与支持系统（$t=1.51$，$p > 0.05$）三个维度的平均得分上也不存在显著差异。但是在无障碍环境与辅助科技（$t=2.52$，$p < 0.05$）维度上存在显著差异，且有资源教室的学校得分要显著高于没有资源教室的学校，这说明资源教室设置对学校的无障碍环境与辅助科技产生了显著影响。此外，有资源教室的学校在"学校课程与教学调整""学校资源与支持系统""无障碍环境与辅助科技"三个维度上的平均分都略高于无资源教室的学校。

三、讨论

（一）学校师生对随班就读学生的接纳度较高

本研究发现，学校师生对随班就读学生的接纳与关怀得分较高，教师对随班就读学生态度积极，并在日常教学及生活中对随班就读学生体现诸多关怀。海淀区自 2011 年开始，对学校随班就读主管干部、随班就读教师、资源教师分类开展了培训，其中对随班就读主管干部及随班就读教师的培训重点在于观念的改变和基础理论的掌握，目前学校师生的积极态度部分源于系列培训的开展。根据心理学标准，态度包括认知、情感和行为三个层面[1]，本研究中的师生接纳与关怀更强调师生在行为层面对待随班就读学生的方式和方法。邓猛指出，西方相关研究中，融合教育的基本观念被广大教师接受已是不争的事实，因此，教师对融合教育的态度主要着眼于如何更好地实施上，以及以何种形式让特殊儿童融合到普通学校、普通班级里[2]，这与本研究的设计初衷是一致的。普校教师对于随班就读学生的接纳态度经历着从反对、赞同到谨慎地支持的发展过程[3]。国内最初关于教师对随班就读学生态度的研究表明，教师赞同随班就读的比例较低[4]；之后的研究者发现，绝大部分教师对随班就读学生的态度总体上是正向与积极的，但是这种积极的态度尚处于形成过程，同时还存在理性上赞同，但实际工作中犹疑的矛盾[5][6]。以往研究结果表明，教师接受专业培训的情况以及对特殊教育专业知识的掌握情况都会显著影响教师对随班就读学生的接纳态度[7][8][9][10][11]。本研究所得到的教师对随

---

[1] 林崇德等. 心理学大辞典[M]. 上海：上海教育出版社, 2003.

[2] 邓猛. 普通小学随班就读教师对全纳教育态度的城乡比较研究[J]. 教育研究与实验, 2004（01）:61-66.

[3] 陈光华, 张杨, 石颖, 王璐, 吴盈盈. 我国大陆随班就读态度研究综述[J]. 中国特殊教育, 2006（12）:27-32.

[4] 韦小满, 袁文得. 关于普小教师与特教教师对有特殊教育需要学生随班就读态度的调查[J]. 中国特殊教育, 2000（03）:31-33.

[5] 曾雅茹. 普通小学教师对随班就读的态度、教学策略与所需支持的研究[J]. 中国特殊教育, 2007（12）:3-7,18.

[6] 马红英, 谭和平. 上海市随班就读教师现状调查[J]. 中国特殊教育, 2010（01）:60-63, 82.

[7] 韦小满, 袁文得. 关于普小教师与特教教师对有特殊教育需要学生随班就读态度的调查[J]. 中国特殊教育, 2000（03）:31-33.

[8] 刘春玲, 杜晓新, 姚健. 普通小学教师对特殊儿童接纳态度的研究[J]. 中国特殊教育, 2000（03）:34-36.

[9] 何文明. 三类残疾儿童少年随班就读现状调查[M]. 北京：海峡两岸特殊教育研讨会论文集, 2002:91-97.

[10] Kandhari N., Chowdhry R. A pre-post study: Attitude of teachers' towards inclusive education[J]. Indian Journal of Health and Wellbeing, 2016, 7（01）:161-163.

[11] Dias P. C., Cadime I. Effects of personal and professional factors on teachers' attitudes towards inclusion in preschool[J]. European Journal of Special Needs Education, 2016（01）:1-13.

班就读学生接纳态度与关怀程度较好的结果,与北京市海淀区举办的融合教育教师全员培训,以及资源教师培训的努力是分不开的。在培训过程中,普校教师增加了对特殊学生的了解,并具备一定的专业技能,这有利于提升教师对随班就读学生的接纳与关怀程度。此外,由于本研究的调查问卷是由学校融合教育主管领导填写,他们对于随班就读学生的感知与教师的感知是存在偏差的。何文明对湖南随班就读的现状调查结果表明,主管领导对随班就读学生的接纳态度高于一线教师,可能由于主管领导更多的是从随班就读的宏观作用方面考虑,而教师则更多是从微观课堂教学的困难进行思考[1]。

本研究发现,多数同学能够主动协助随班就读学生并与之进行互动,但接纳得分普遍低于教师。同伴接纳与关怀对随班就读学生的人际交往、心理健康、社会适应能力有重要影响[2]。以往有研究表明,普通学生对随班就读智力障碍学生普遍持排斥与不接纳的态度[3],而关于农村小学生对随班就读学生同伴接纳态度的研究则表明,农村小学生对随班就读同伴的接纳程度较高[4]。本研究发现多数同学已能够普遍接受随班就读学生,这与研究对象所处地区以及随班就读的残疾类型是相关联的。Hong 在其研究中也曾指出普通学生对残疾学生的接纳态度受到其残疾类型的影响[5]。普通学生对随班就读学生接纳与关怀的得分之所以低于教师,主要与以下两个方面有关。首先,对残疾的了解会影响对残疾同伴的情感与接纳行为[6],普通学生与教师相比,其对残疾

---

[1] 何文明. 三类残疾儿童少年随班就读现状调查 [M]. 北京:海峡两岸特殊教育研讨会论文集,2002:91-97.

[2] 陈光华,张杨,石颖,王璐,吴盈盈. 我国大陆随班就读态度研究综述 [J]. 中国特殊教育,2006(12):27-32.

[3] 吴支奎. 普小学生对随班就读弱智生接纳态度的研究 [J]. 中国特殊教育,2003(02):18-24.

[4] 江小英,王婧. 农村小学生对随班就读同伴接纳态度的调查报告 [J]. 中国特殊教育,2013(12):10-18.

[5] Hong S. Y., Kwon K. A., Jeon H J. Children's Attitudes towards Peers with Disabilities: Associations with Personal and Parental Factors[J]. Infant and Child Development,2014,23(02):170-193.

[6] Hong S. Y., Kwon K. A., Jeon H J. Children's Attitudes towards Peers with Disabilities: Associations with Personal and Parental Factors[J]. Infant and Child Development,2014,23(02):170-193.

本质的认识并不深刻,因此影响到对残疾同伴的接纳与关怀。其次,家长对残疾的态度会影响到学生对残疾同伴的接纳态度[1],有研究表明,普通学生家长对残疾儿童随班就读持拒绝、排斥和消极的态度倾向[2],进而使得普通学生对随班就读同伴的接纳态度仍待进一步提升。

(二)学校课程与教学调整是融合教育环境建设的难点

课程与教学是融合教育环境的关键要素,并且残疾学生在普通教室能否成功很大程度上取决于课程与教学的质量[3]。本研究发现,学校课程与教学调整维度各题项得分普遍较低,表明在学校融合教育环境中,课程与教学发展尚处于较低水平。教师很难依据随班就读学生的学习需求调整课程内容与教学策略;也很难使用符合随班就读学生特点的教学材料辅助其学习。课程与教学是现阶段巡回指导的难点与重点,就随班就读学生的评价标准,特教中心开展了近五年的研究,鉴于2016年三类特教学校课程标准的发布,课程与教学方面的巡回指导也将更有针对性。于素红对上海普通学校随班就读工作的调查也发现了课程是学校融合教育的突出问题,绝大多数学校并没有根据学生的需要设置与调整课程[4],这与本研究的结论是一致的。邓猛对普通小学随班就读教师教学调整策略的研究表明,无论是农村还是城市,教师教学调整策略总体而言并不尽如人意[5]。曾雅茹在其研究中指出,大多数教师偏重于

---

[1] Castelli, L., de Amicis, L., & Sherman, S. J. (2007). The loyal member effect: On the preference for ingroup members who engage in exclusive relations with the ingroup[J]. Developmental Psychology, 43: 1347–1359.

[2] 牛玉柏,刘泽文,田宝. 家长对残疾儿童随班就读态度研究[J]. 中国康复理论与实践, 2005 (01):76-77.

[3] 邓猛. 全纳教育的基本要素与分析框架的探索[J]. 教育研究与实验, 2007 (02):43-47.

[4] 于素红. 上海市普通学校随班就读工作现状的调查研究[J]. 中国特殊教育, 2011 (04):3-9.

[5] 邓猛. 普通小学随班就读教师对全纳教育态度的城乡比较研究[J]. 教育研究与实验, 2004 (01):61-66.

使用简单方便的教学策略，但是对于需要专门技能的教学策略则较少使用[1]。本研究再次印证学校课程与教学调整始终是融合教育环境建设的难点。

以往研究者曾指出，融合教育基本包含三个层次，即物理空间的融合、社会性的融合以及课程的融合，其中课程的融合是融合教育最高也最难的目标。自融合教育诞生以来，人们着重关注个别化教育计划的制订与实施，很少关注融合课程的研究，这也导致了普通学校融合环境的教学并未发生本质改变。再加上我国目前学校发展总体仍旧以升学考试、选拔培优为目的，现行的教育体制受精英教育模式影响仍旧很大[2]，这是阻碍融合教育环境下课程与教学调整的根本原因。此外，也有实证研究表明，融合课程调整不佳的原因还包括随班就读教师的专业性发展基础较差、特殊教育经历较少、在职培训效果不好、工作量过大、对随班就读学生的了解较少等方面[3]。

（三）学校资源与支持系统发展不均衡

学校的资源与支持系统是融合教育实施的重要保障，学校与教师只有在获得足够的人力与物质资源的情况下才能够获得成功[4]。本研究结果表明，学校对教师参加特殊教育培训普遍较为重视，并且也能为教师提供所需的特殊教育信息渠道；但是校内开展的教研与培训活动则比较少，学校为教师提供的关于教学方法的支持也处于较低水平。由此看来，校外培训、信息支持和人际支持得分较高，而校内融合教育专业资源开发程度较低，资源与支持系统发展不均衡。以往研究者指出，学校范围内的社会性支持要优于技术性支持，社会性支持主要源于融合氛围、学校领导支持以及同事支持等；技术性

---

[1] 曾雅茹. 普通小学教师对随班就读的态度、教学策略与所需支持的研究 [J]. 中国特殊教育，2007（12）:3-7, 18.
[2] 邓猛. 关于全纳学校课程调整的思考 [J]. 中国特殊教育，2004（03）:3-8.
[3] 卿春. 锦江区随班就读学生课程调整现状研究 [D]. 成都：四川师范大学，2015.
[4] 王雁，王志强，程黎，王红霞. 随班就读教师课堂支持研究 [J]. 教育学报，2013（06）:67-74.

支持则主要是专业人员的支持和专业辅具的支持等[①]。本研究同样发现领导愿意为教师提供参加特殊教育专业培训的机会，任课教师能够获得同事的协助；但是学校在提供专业的教材教法，以及整合校内外资源方面则处于劣势。

校内资源与支持系统发展不均衡主要受以下因素的影响：首先，校外的培训主要依靠特教中心组织，中心有系统的规划，因此学校的参与状况很好。学校能够鼓励教师参加特殊教育培训主要是因为海淀区组织了多项特殊教育专业培训，为普通学校教师学习特殊教育相关理论与技能提供了诸多机会。其次，从校内来说，目前资源教师的力量即特教中心与普通学校联系的桥梁还相对薄弱，专职资源教师少，资源教师的时间和精力有限。最后，学校的融合教育支持体系正在逐步成形，学校的资源教室和资源教师成为学校与特殊教育中心沟通的重要桥梁，而资源教师对特殊教育相关信息更加熟知，能够通过与学校随班就读教师的交流实现信息共享，并提供相应的咨询服务。学校内部的教研培训以及融合教育会议得分较低主要是因为学校仍旧是将主要精力投入在普通学生身上，教材教法方面的支持相对较弱，受到融合教育总体发展水平的影响。因为在较长一段时间内，国家与学校关注的是残疾学生公平进入普通学校的机会，而忽视了对优质教育的提供，因此，无论是政策制定、学术研究，还是一线的实践都很少涉及对教材教法的关注。

（四）学校物理环境建设较好，辅助技术有待提高

融合教育要求学校环境适应学生的特殊需求，因此，物理环境与辅助技术的调整有利于更好地促进特殊学生充分参与校园生活，享有更加优质的教育。本研究发现学校在物理环境建设上得分相对较高，学校能够根据学生的个别需求主动调整环境建设，也具有较为完善的无障碍设施，教室的空间安排有利于促进随班就读学生的学习，这部分与海淀区对资源教室建设的投入

[①] 王雁，王志强，程黎，王红霞. 随班就读教师课堂支持研究 [J]. 教育学报，2013（06）:67-74.

密切相关；然而学习设备与辅助科技的发展水平较低。以往对融合背景下的普通学校物理环境的研究主要涉及听力残疾与肢体残疾学生[1][2]，其研究表明，学校物理环境建设有利于促进残疾学生的学习和课外活动。有研究者指出，学校物理环境的调整在技术支持中得分最高，教辅教具配置的得分则相对较低[3]，这与本研究的结论基本一致。学校物理环境是融合教育环境的显性体现，最能够反映融合教育的通达性，也最容易影响学生的日常行动，因此，学校会优先满足物理环境建设的要求。之所以符合随班就读学生需求的学习设备与辅助科技应用较少，可能与部分专业设备价格昂贵有关，部分学校财力水平有限，即并非所有学校都能够平等地获得相关技术的支持[4]。此外，学校缺乏可以熟练使用相关辅助技术的专业人员，对设备功能及使用缺乏了解，使得学校缺少引入相关设备与辅助技术的动力。

（五）资源教室在学校融合教育环境建设中作用突出

资源教室在学校融合教育环境建设中作用突出，并且已经成为随班就读支持保障体系中关键的一环。本研究表明，资源教室对于学校的无障碍环境与辅助科技的发展有显著影响，即设有资源教室的学校融合教育环境在这一方面发展明显较好。以往关于资源教室的调查显示，资源教室中的电教与图书资料比较齐全，还包括随班就读学生康复训练的相关材料等，如认知训练卡、语言训练卡等教具[5]。2016年1月教育部出台的《普通学校特殊教育资源教室建设指南》对资源教室的功能以及资源配备进行了详细的规定，资源教室的基本配备应该包括基础办公及学习用具、图书音像、益智类教具学具、

---

[1] 罗琳."全纳教育"理念下的聋哑生随班就读综合学校建筑设计[D].西安：西安建筑科技大学，2010.
[2] 黄存泉.随班就读脑瘫学生辅助技术支持方案制定的研究[D].重庆：重庆师范大学，2011.
[3] 王雁，王志强，程黎，王红霞.随班就读教师课堂支持研究[J].教育学报，2013（06）:67-74.
[4] 刘志丽.随班就读中现代教育技术的应用研究[D].北京：首都师范大学，2008.
[5] 李娜，张福娟.上海市随班就读学校资源教室建设和运作现状的调查研究[J].中国特殊教育，2008（10）:66-72.

肢体运动辅助器具、听觉及沟通辅助器具以及视觉辅助器具等。该项政策的出台有利于完善资源教室的辅具配置，从而进一步促进融合教育环境建设。资源教室器具的配置是为了更好地发挥其功能，以往研究指出，资源教室具备个案管理、鉴定评量、教学辅导、支援服务及合作咨询等多方面的功能[①]，也有研究者总结了资源教室还具备促进普校教师融合教育专业发展，整合学校、家庭和社区资源，以及学校融合教育管理等方面的功能[②]。由此可见，资源教室对于学校融合教育环境建设具有十分重要的意义。

四、结论与建议

（一）结论

本研究表明，普通学校的师生对残疾学生接受融合教育已经基本持积极的接纳态度；学校无障碍环境建设也相对较好，辅助科技水平则有待提高。此外，学校课程与教学调整是融合教育环境建设的难点；学校的资源与支持系统发展不均衡；资源教室在学校融合教育环境建设中作用突出。

（二）建议

首先，在今后的巡回指导中应逐步突破融合教育课程与教学调整的难点。课程与教学是营造学校完整融合环境的核心要素，尽管目前国内关于这方面的研究尚不多，但应结合实践的探索与理论的架构逐步推动融合教育课程与教学的调整。在此过程中应秉持两条基本原则，即关注随班就读学生的个体需要，并符合学生所处年级水平的期望[③]。在进行课程调整时，应借鉴融合教

---

① 奎媛，雷江华. 我国台湾地区资源教室的发展与启示 [J]. 中国特殊教育，2016（05）:3-9, 22.
② 孙颖. 北京市资源教室建设现状与发展对策 [J]. 中国特殊教育，2013（01）:20-24.
③ Olson, A., Leko, M. M., & Roberts, C. A.（2016）. Providing Students With Severe Disabilities Access to the General Education Curriculum[J]. Research & Practice For Persons With Severe Disabilities, 41（03）:143-157.

育领域内专家学者理清的理论框架，如邓猛对融合课程的分层进行了探究，归纳了融合课程分为相同课程、多重课程、交叉课程以及替代课程等方面[①]；赵勇帅借鉴西方相关研究从横向维度总结出融合课程包括学业课程、社会发展课程与补充课程三大方面[②]。此外，分层教学是融合教学调整的重要途径，也是融合教育的必然要求，因为分层教学立足于学生的个体差异，有利于满足不同学生的差别需要，从而促进每位学生最大限度地发展[③]。

其次，在巡回指导中要注重开发校内融合教育资源，加强与专业人员的合作。针对融合教育资源与支持系统不均衡的问题，应继续坚持良好的信息支持、培训支持与人际支持，同时弥补专业资源不足的困境。为此，学校应加强与区域内特殊教育中心的联系，并在联系中获得更加专业的支持；逐渐形成校内融合教育支持体系，组建由校长、融合教育主管领导、资源教师、班主任等在内的融合教育领导小组，定期或不定期召开融合教育研讨会，为随班就读学生召开 IEP 会议，并为随班就读学生的任课教师提供专业咨询服务。

再者，通过巡回指导逐渐健全融合教育辅助技术服务体系。科技有利于帮助减少随班就读学生在融合教育中面临的障碍，并通过专业的康复训练提升学生在认知、语言等方面的能力，从而更加适应学校的融合环境。为此，学校应制定系统的融合教育辅助技术服务方案，形成从学校层面到班级层面健全的服务体系。该体系包含具体的实施主体，如资源教师、班主任以及任课教师等；还包括具体的服务内容，例如资源教室中对随班就读学生进行的注意力、思维、言语等方面训练器具，以及班级中任课教师使用的视觉提示系统或经改编的学习材料等方面的支持。

[①] 邓猛.关于全纳学校课程调整的思考 [J]. 中国特殊教育，2004（03）:3-8.

[②] 赵勇帅，邓猛. 西方融合教育课程设计与实施及对我国的启示 [J]. 中国特殊教育，2015（03）：9-15.

[③] 华国栋.实施差异教学是融合教育的必然要求 [J]. 中国特殊教育，2012（10）:3-6.

最后，通过巡回指导逐步完善资源教室的功能，充分发挥资源教室在融合环境创设中的作用。资源教室不仅对学校物理环境与辅助科技发展有重要影响，还具备个案管理、康复训练、教学辅导、教师专业发展、沟通协调等方面的功能。因此，资源教室应设有完善的管理制度，由资源教师负责实施。此外，资源教师应细化功能发挥的具体实施细则，探索更加符合学生发展需要以及学校发展特点的方式和方法。

参考文献

[1] 朴永馨. 特殊教育辞典（第三版）[M]. 北京：华夏出版社，2015.

[2] 刘春玲，杜晓新，姚健. 普通小学教师对特殊儿童接纳态度的研究 [J]. 中国特殊教育，2000（03）：34 – 36.

[3] 韦小满，袁文得，刘全礼. 北京香港两地普小教师对有特殊教育需要学生随班就读态度的比较研究 [J]. 北京师范大学学报，2001（01）：34 – 39.

[4] 周德林，王耀等. 运用合作学习策略 全面提高随班就读教学质量 [J]. 教育科学研究，2001（06）：38 – 41.

[5] 李娜，张福娟. 上海市随班就读学校资源教室建设和运作现状的调查研究 [J]. 中国特殊教育，2008（10）：66 – 72.

[6] 邓猛. 普通小学随班就读教师对全纳教育态度的城乡比较研究 [J]. 教育研究与实验，2004（01）：61 – 66.

[7] 陈云英，杨希洁，赫尔实. 全纳教育共享手册 [M]. 北京：华夏出版社，2004：33 – 34.

[8] 肖非. 中国的随班就读：历史·现状·展望 [J]. 中国特殊教育，2005（03）：3 – 7.

[9] 邓猛，苏慧. 融合教育在中国的嫁接与再生成：基于社会文化视角的分析 [J]. 教育学报，2012（01）：83 – 89.

[10] 李拉. 当前随班就读研究需要澄清的几个问题 [J]. 中国特殊教育，2009（11）：3 – 7.

[11] 邓猛，景时. 从随班就读到同班就读：关于全纳教育本土化理论的思考 [J]. 中国特殊教育，2013（08）：3–9.

[12] 邓猛，潘剑芳. 关于全纳教育思想的几点理论回顾及其对我们的启示 [J]. 中国特殊教育，2003（04）：2–8.

[13] 邓猛. 普通小学随班就读教师对全纳教育态度的城乡比较研究 [J]. 教育研究与实验，2004（01）：61–66.

[14] 赵小红. 试论中国全面推进随班就读工作的必要性 [J]. 中国特殊教育，2011（11）：4–10.

[15] 邓猛. 融合教育与随班就读 [M]. 武汉：华中师范大学出版社，2009.

[16] 徐岩，丁朝蓬，王利. 新课程实施以来学生评价改革的回顾与思考 [J]. 课程·教材·教法，2012（03）：12–21.

[17] 何云峰，李长萍，赵志红. 基于发展性评价理念的"五维一体"学生评价创新 [J]. 中国大学教学，2011（02）：61–63.

[18] 俎媛媛. 美国真实性学生评价及其启示 [J]. 教育发展研究，2007（06）：62–66.

[19] 董奇，赵德成. 发展性教育评价的理论与实践 [J]. 中国教育学刊，2003（08）：22–25, 49.

[20] 刘洋. 学习过程中多元主体的学生评价研究 [D]. 大连：辽宁师范大学，2009.

[21] 教育部基础教育课程教材发展中心. 新课程与评价改革 [M]. 北京：教育科学出版社，2001：132–141.

[22] 王凯. 普通高中学生评价问题研究 [J]. 当代教育科学，2003（24）：9–10.

[23] 闫莉. 基于多元智能理论的学生评价研究 [D]. 西安：西安电子科技大学，2010.

[24] 杨明. 2003年"国际学生评价计划"：评价目的、评价内容和评价方法 [J]. 课程·教材·教法，2007（06）：93–96.

[25] 张宪冰，朱莉，袁林. 从单一走向多元化——论学生评价方式的转换 [J]. 当代教育科学，2011（24）：7–9.

[26] 彭勇. 多元评价法在高中信息技术教学中的应用研究 [D]. 济南：山东师范大学，2012.

[27] 熊焱冰. 多元评价体系及其教学应用探析 [J]. 中国成人教育，2010（01）：137 – 138.

[28] 李荆. 运用评价促进学生发展——多元评价及其应用述评 [J]. 内蒙古师范大学学报（教育科学版），2005（12）：62 – 64.

[29] 李伟成. 教学过程中的诊断性评价研究 [J]. 教育导刊，2011（03）：76 – 79.

[30] 李永斌. 诊断性评价在初中英语教学中的应用 [J]. 教育测量与评价（理论版），2010（07）：28 – 31.

[31] 何云峰. 学生评价的转向：基于发展性评价的视角 [J]. 教育理论与实践，2009（09）：15 – 17.

[32] 高凌飚. 过程性评价的理念和功能 [J]. 华南师范大学学报（社会科学版），2004（06）：102 – 106，113 – 160.

[33] 胡中锋，李群. 学生档案袋评价之反思 [J]. 课程·教材·教法，2006（10）：34 – 40.

[34] 黄光扬. 正确认识和科学使用档案袋评价方法 [J]. 课程·教材·教法，2003（02）：50 – 55.

[35] Watkins，A.（2007）. Assessment in inclusive settings: Key issues for policy and practice. Odense:European Agency for Development in Special Needs Education. https://www.european – agency.org/sites/default/files/Assessment – EN.pdf

[36] 丁美珍，刘杰. 随班就读学生评估的问题与对策 [J]. 现代特殊教育，2015（03）：70 – 72.

[37] 周玲玲. 对随班就读学生评估的现状分析及问题探讨 [J]. 新课程研究（上旬刊），2011（03）：96 – 98.

[38] 朱剑平. 上海市宝山区随班就读学生教育方案制定与实施情况调查报告 [J]. 中国特殊教育，2010（08）：6 – 13.

[39] 于素红. 上海市普通学校随班就读工作现状的调查研究 [J]. 中国特殊教

育，2011（04）:3–9.

[40] L. G. Weiss，Saklofske D.H.，Coalson D. WAIS – IV Clinical Use and Interpretation: Scientist – Practitioner Perspectives [M]. San Diego，CA:Academic Press.

[41] 孔明，黄启兵. WISC – Ⅳ的新变化及其在特殊教育评估中的应用 [J]. 中国特殊教育，2007（06）:28–34.

[42] 蒋丹林. 新课程背景下随班就读学生评估体系的构建 [J]. 现代特殊教育，2006（Z1）:66–67.

[43] 卢守萍. 多元评价促进随班就读智障学生多元发展 [J]. 现代特殊教育，2013（Z1）:44–45.

[44] Salend，S. J.（2000）. Strategies and Resources to Evaluate the Impact of Inclusion Programs on Students[J]. Intervention In School & Clinic，35（05）:264–270.

[45] 赵德成，兰继军. 成长记录袋在特殊儿童学习评价中的应用 [J]. 中国特殊教育，2007（01）:68–72.

[46] 蒋苏建. 建立听力残疾儿童成长档案袋的行动研究 [J]. 南京特教学院学报，2008（03）:15–18.

[47] 赵萍. 运用成长档案袋对学困生进行辅导 [J]. 现代教学，2009（Z2）:61–62.

[48] 王晟红. 论职业教育教师的作用及使命 [J]. 黑龙江教育学院学报，2010（02）:5.

[49] 郑娟. 中等职业教育师资培训问题及对策研究 [D]. 长春：东北师范大学，2014.

[50] 宋桂芬. 中小学教师职后培训的问题与对策研究——以葫芦岛市连山区为例 [D]. 长春：东北师范大学，2008.

[51] 张晨曦. 我国中小学师资队伍建设存在的问题与对策研究 [J]. 河南科技学院学报，2014（04）:43.

[52] 朱拥军. 中小学师资培训研究综述 [J]. 人力资源管理，2011（04）:275-276.

[53] 谢维和. 教师培训：补充还是转型 [J]. 高等师范教育研究，2002（01）:78.

[54] 冯玉竑等. 提升高校师资培训水平的路径分析 [J]. 人力资源管理，2016

（11）: 175-176.

[55] 教育部关于大力加强中小学教师培训工作的意见［EB/OL］.新华网，2011-01-06.

[56] 高春香.美国教师的继续教育[J].教书育人，2004（07）: 67.

[57] 冯恒.从美国继续教育的特点看我国继续教育发展的策略[J].世界教育信息，2004（03）: 145.

[58] 徐秀华.英国的在职教师培训及其借鉴[J].中小学教师培训，2004（08）: 198.

[59] 朱永坤.中日教师继续教育之比较及对我国的启示[J].继续教育，2004（03）: 86.

[60] 姚琳等.当前法国中小学教师继续教育的特点[J].继续教育，2004（03）: 99-102.

[61] 王芳.关于完善高校教师培训机制的探讨[D].北京：中央民族大学，2008.

[62] 余玉珍.香港融合教育政策下的教师专业发展[J].华南师范大学学报（社会科学版），2014（06）: 44.

[63] 王振洲，汪红烨等.融合教育背景下的特教师资能力需求探析[J].绥化学院学报，2017（07）: 17.

[64] 邓猛，赵梅菊.融合教育背景下我国高等教育师范院校特殊教育师资培养模式改革的思考[J].教育学报，2013（06）: 75-76.

[65] 刘慧丽.融合教育理念下资源教师角色的指导模式研究[D].武汉华中师范大学，2013.

[66] 教育部师范教育司.更新培训观念 变革培训模式[M].长春：东北师范大学出版社，2001.

[67] 张华.校本培训的背景透视和机制构建[J].教学与管理，2007（02）: 76.

[68] 刘尧.中小学科研兴校中的教师校本培训[J].教育研究，2002（07）: 10.

[69] 刘长旭.对新时期高校师资培训工作的思考[J].中国高校师资研究，2011（05）: 26.

[70] 杨光. 浅析如何加强高校师资培训实效性 [J]. 长春大学学报，2012（12）：1559.

[71] 张起英. 浅析中小学师资培训 [J]. 教育探索，1996（02）：75-76.

[72] 叶发钦. 广西壮族自治区特殊教育学校师资培训的调查与思考 [J]. 当代教育论坛，2011（05）：67.

[73] 马军. 特殊教育学校师资培训的问题与对策 [J]. 青海师专学报（教育科学），2004（04）：65.

[74] J. L. Luckner，Ayantoye C. Itinerant Teachers of Students Who Are Deaf or Hard of Hearing: Practices and Preparation[J]. Journal Of Deaf Studies And Deaf Education，2013，18（03）：409–423.

[75] 王红霞，彭欣，王艳杰. 北京市海淀区小学融合教育现状调查研究报告 [J]. 中国特殊教育，2011（04）：37–41.

[76] Bronfenbrenner U. The ecology of human development :Experiments by nature and design [M]. Cambridge，MA：Harvard University Press，1979.

[77] Booth T，Ainscow M. Index for Inclusion – developing learning and participation in schools[M]. Centre for Studies on Inclusive Education，2002：42–54.

[78] 钱丽霞，江小英. 对我国随班就读发展现状评价的问卷调查报告 [J]. 中国特殊教育，2004（05）：1–5.

[79] 朱楠，赵小红，刘艳虹. 随班就读学校氛围案例研究 [J]. 中国特殊教育，2009（03）：24–28.

[80] 邓猛. 全纳教育的基本要素与分析框架的探索 [J]. 教育研究与实验，2007（02）：43–47.

[81] 马红英，谭和平. 上海市随班就读教师现状调查 [J]. 中国特殊教育，2010（01）：60–63，82.

[82] 林崇德等. 心理学大辞典 [M]. 上海：上海教育出版社，2003.

[83] 陈光华，张杨，石颖，王璐，吴盈盈. 我国大陆随班就读态度研究综述 [J]. 中国特殊教育，2006（12）：27–32.

[84] 韦小满，袁文得. 关于普小教师与特教教师对有特殊教育需要学生随班就读态度的调查 [J]. 中国特殊教育，2000（03）：31 – 33.

[85] 曾雅茹. 普通小学教师对随班就读的态度、教学策略与所需支持的研究 [J]. 中国特殊教育，2007（12）：3 – 7, 18.

[86] Kandhari N., Chowdhry R. A pre – post study: Attitude of teachers' towards inclusive education[J]. Indian Journal of Health and Wellbeing, 2016, 7（01）：161 – 163.

[87] Dias P. C., Cadime I. Effects of personal and professional factors on teachers' attitudes towards inclusion in preschool[J]. European Journal of Special Needs Education, 2016（01）：1 – 13.

[88] 何文明. 三类残疾儿童少年随班就读现状调查 [M]. 北京：海峡两岸特殊教育研讨会论文集，2002：91 – 97.

[89] 吴支奎. 普小学生对随班就读弱智生接纳态度的研究 [J]. 中国特殊教育，2003（02）：18 – 24.

[90] 江小英，王婧. 农村小学生对随班就读同伴接纳态度的调查报告 [J]. 中国特殊教育，2013（12）：10 – 18.

[91] Hong S. Y., Kwon K. A., Jeon H J. Children's Attitudes towards Peers with Disabilities: Associations with Personal and Parental Factors[J]. Infant and Child Development, 2014, 23（02）：170 – 193.

[92] Castelli, L., de Amicis, L., & Sherman, S. J.（2007）. The loyal member effect: On the preference for ingroup members who engage in exclusive relations with the ingroup[J]. Developmental Psychology, 43：1347–1359.

[93] 牛玉柏，刘泽文，田宝. 家长对残疾儿童随班就读态度研究 [J]. 中国康复理论与实践，2005（01）：76 – 77.

[94] 邓猛. 关于全纳学校课程调整的思考 [J]. 中国特殊教育，2004（03）：3 – 8.

[95] 卿春. 锦江区随班就读学生课程调整现状研究 [D]. 成都：四川师范大学，2015.

[96] 王雁，王志强，程黎，王红霞. 随班就读教师课堂支持研究 [J]. 教育学

报，2013（06）：67-74.

[97] 罗琳."全纳教育"理念下的聋哑生随班就读综合学校建筑设计 [D]. 西安：西安建筑科技大学，2010.

[98] 黄存泉. 随班就读脑瘫学生辅助技术支持方案制定的研究 [D]. 重庆：重庆师范大学，2011.

[99] 刘志丽. 随班就读中现代教育技术的应用研究 [D]. 北京：首都师范大学，2008.

[100] 奎媛，雷江华. 我国台湾地区资源教室的发展与启示 [J]. 中国特殊教育，2016（05）：3-9, 22.

[101] 孙颖. 北京市资源教室建设现状与发展对策 [J]. 中国特殊教育，2013（01）：20-24.

[102] Olson, A., Leko, M. M., & Roberts, C. A.（2016）. Providing Students With Severe Disabilities Access to the General Education Curriculum[J]. Research & Practice For Persons With Severe Disabilities，41（03）：143-157.

[103] 赵勇帅，邓猛. 西方融合教育课程设计与实施及对我国的启示 [J]. 中国特殊教育，2015（03）：9-15.

[104] 华国栋. 实施差异教学是融合教育的必然要求 [J]. 中国特殊教育，2012（10）：3-6.

[105] 王红霞. 融合教育巡回指导模式探索——基于北京市海淀区的实践 [J]. 现代特殊教育，2016（17）：16-18.

[106] 汪海萍. 以社会模式的残疾观推进智障人士的社会融合 [J]. 中国特殊教育，2006（09）：6-10.

[107] 邓猛，卢茜. 医教结合：特殊教育中似热实冷话题之冷思考 [J]. 中国特殊教育，2012（01）：4-8.

[108] 杨兆山. 教育学原理 [M]. 长春：东北师范大学出版社，2010：6.

[109] 邓猛，朱志勇. 随班就读与融合教育——中西方特殊教育模式的比较 [J]. 华中师范大学学报（人文社会科学版），2007（04）：125-129.

[110] 邓乾辉. 自闭症儿童教育康复的探析 [J]. 中国校外教育（理论），2008（05）：141.

[111] 李林. 教育康复对学龄脑瘫儿童认知能力的影响初探 [J]. 中国康复理论与实践，2010（10）：999 – 1000.

[112] 姚聪燕. 音乐治疗在智障儿童教育康复中的作用 [J]. 中国特殊教育，2007（05）：19 – 23.

[113] 高川. 早期教育康复对智力落后儿童生活自理能力的影响 [J]. 绥化学院学报，2013（01）：131 – 134.

[114] 吴卫红，张雁. 脑瘫儿童的教育康复 [J]. 中国康复理论与实践，2003（04）：21 – 23.

[115] 张众宜. 多动症儿童感觉统合训练家庭辅助设备的设计研究 [D]. 北京：北京理工大学，2015.

[116] 张挚，李赫南，翟宏. 我国儿童感觉统合训练及其研究 [J]. 教育探索，2008（04）：12 – 13.

[117] 张茂林，杜晓新. 特殊儿童认知训练 [M]. 南京：南京师范大学出版社，2015：12.

[118] 张福娟. 智力落后儿童适应行为发展特点的研究 [J]. 心理科学，2002（02）：170 – 172，253 – 254.

[119] 李晓，尤娜，丁月增. 社会故事法在儿童自闭症干预中的应用研究述评 [J]. 中国特殊教育，2010（02）：42 – 47.

[120] 邱洁. 中重度智力障碍儿童社会技能训练架构探索及干预研究 [D]. 上海：华东师范大学，2011.

[121] 汤盛钦. 特殊儿童康复与训练 [M]. 大连：辽宁师范大学出版社，2002：136 – 139，141 – 155.

[122] 江文庆，李焱，杜亚松，范娟. 注意缺陷多动障碍韦氏智力测验第四版测量结果分析 [J]. 中国临床心理学杂志，2013（04）：579 – 582.

[123] 杨希洁. 一位成功的随班就读数学教师的个案研究 [J]. 中国特殊教育，

2005（01）：43 – 49.

[124] D. M.，F. P. – M. K. Inclusive education in China: Conceptualization and Realization[J]. Asia – Pacific Journal of Education，2004，24（02）：143 – 157.

[125] 雷江华. 融合教育导论 [M]. 北京：北京大学出版社，2012：58.

[126] 彭霞光. 把握资源教室建设指南的精髓 健全随班就读支持保障体系 [J]. 现代特殊教育，2016（05）：5 – 7.

[127] 许家成，周月霞. 资源教室的建设与运作 [M]. 北京：华夏出版社，2006：07 – 26.

[128] 须芝燕. 普特合作探索随班就读资源教室课程 [J]. 现代特殊教育，2013（12）：9 – 10.

[129] 王秀希，高玉红，王冰，王雪. 社会支持及控制点在教师工作压力知觉中的作用研究 [J]. 中国成人教育，2010（03）：84 – 85.

[130] 李拉. 随班就读巡回指导的现实困境与对策 [J]. 现代特殊教育，2012（03）：7 – 8，31 – 33.

[131] J. L. Luckner, Miller K. J. Itinerant Teachers: Responsibilities, Perceptions, Preparation, and Students Served[J]. American Annals of the Deaf, 1994, 139（02）：111 – 118.

[132] S. Foster, Cue K. Roles and responsibilities of itinerant specialist teachers of deaf and hard of hearing students[J]. American Annals of the Deaf, 2009（153）：435 – 447.

[133] 王秀琴. 随班就读课堂教学策略探究——以北京市海淀区随班就读评优课为例 [J]. 现代特殊教育，2016（11）：73 – 74.

后 记

《巡回指导的理论与实践》这本书为海淀区特殊教育研究与指导中心两项课题研究的整体呈现，即北京市规划课题《巡回指导教师在融合教育推进中的作用研究》（DBB10075）及全国规划课题《随班就读工作机制及保障体系研究》（FHB20468）。本书中部分章节将课题先期发表的成果收录其中，具体如下：

《北京市海淀区小学融合教育现状调查研究报告》2011年4月发表于《中国特殊教育》。

《巡回指导教师在随班就读中的作用研究——基于北京市海淀区2011—2013年巡回指导工作的实践》2014年8月发表于《现代特殊教育》。

《随班就读课堂教学策略探究——以北京市海淀区随班就读评优课为例》2016年6月发表于《现代特殊教育》。

《北京市海淀区普通中小学融合教育环境调查研究》发表于《现代特殊教育》（高教版）2017年第5期。

在撰写这本书的过程中，我们对两个课题的研究历程进行了回顾。2016年8月之前，我们都是学校一线教师，对于一线教师来说，开展课题研究的难度很大，尤其是国家课题及市级课题。在此要感谢海淀区教委领导对我们工作的支持与信任；感谢中国教育科学研究院华国栋研究员、杨希洁副研究员，北京师范大学特殊教育系肖非教授、邓猛教授、王雁教授，北京联合大学特殊教育学院许家成教授，北京市特殊教育研究中心常务副主任孙颖等对课题的专业指导；感谢北京市教育科学规划研究院课题管理处、海淀区教育科学研究院课题管理处的教师对课题的关注与支持；感谢海淀区各学校领导、教师为课题研究提供了便利，尤其是为我们课题研究提供了大量的素材。

　　科研的终点是解决难点问题。为学生、教师以及学校提供支持，这也是海淀区特殊教育研究与指导中心教师们一直以来努力的方向。

图书在版编目（CIP）数据

巡回指导的理论与实践/王红霞编著. --北京：华夏出版社，2017.7（2024.1 重印）

ISBN 978-7-5080-9212-6

Ⅰ. ①巡… Ⅱ. ①王… Ⅲ. ①特殊教育－教育工作 Ⅳ. ①G76

中国版本图书馆 CIP 数据核字(2017)第 117437 号

巡回指导的理论与实践

编 著 者	王红霞
责任编辑	薛永洁　王一博
出版发行	华夏出版社
经　　销	新华书店
印　　装	三河市少明印务有限公司
版　　次	2017 年 7 月北京第 1 版 2024 年 1 月北京第 2 次印刷
开　　本	710×1000　1/16 开
印　　张	11.5
字　　数	167 千字
定　　价	49.00 元

华夏出版社　地址：北京市东直门外香河园北里 4 号　　邮编：100028
　　　　　　　网址：www.hxph.com.cn　　电话：（010）64663331（转）
若发现本版图书有印装质量问题，请与我社营销中心联系调换。